ちくま文庫

高峰秀子の流儀

斎藤明美

筑摩書房

高峰秀子の流儀　目次

高峰秀子の流儀

人は誰しも「良くなりたい」と願いながら生きるものだ。
だが、往々にして、人は踏み誤る。
一体、何をもって「良し」とするか――
今ほど、その答えが必要とされている時代はないだろう。
私達は、懸命に探し求め、峻別せねばならない。
何が醜くて、何が美しいか。何が向上心で、何が欲望か。
そして、何が本物で、何が偽物か……。
私は、一人の女性に出逢って以来、
ことさら、そのことを強く感じ、考えるようになった。
それは、その人の生きる姿、日々の暮しの中にこそ、
その答えがあると思えるからだ。
高峰秀子、八十五歳。
静かに佇むこの老婦人の姿勢から、
私達はあまりにも多くのことを学べるはずだ。
それのみが今、唯一、私がこの時代に持ち得る希望である。

高峰秀子という知性

この人を抜きにして日本映画史は語れない。

高峰秀子は、この言葉を、お世辞や諂い文句でなく、事実として捧げられる唯一の女優である。

昭和四年、一九二九年、五歳でデビューしてから、五十五歳で引退するまできっかり半世紀、実に三百本を超える作品に出演した。

下積みはない。「天才子役」から「人気少女スター」となり、「大女優」となった。文章で書けば一行にも満たないこの行程を見事に踏破した女優は、日本だけでなく世界にも、他に類がない。エリザベス・テーラーは少女スターではあったが、子役ではない。当時、東西の人気子役の映画をということで高峰の映画とその映画を帝国劇場で併映されたハリウッドのシャーリー・テンプルは、十歳を過ぎると人気が下降、映画界を去った。日本の場合は、人気子役から「大」のつく女優や俳優になった者は誰一人としていない。強いて言えば、歌の世界に美空ひばりがいるくらいだ。だが彼女は最後まで歌手だった。それも不世出の。

子役とは少なくとも就学年齢に達する前に演技をしていた者であり、だからこそその幼い愛らしさで人気を得る。だが逆に言えば、幼児期に愛らしければ愛らしいほど、長持ちはしない。なぜか。それは、子役がある時期になると、観る側に一種の裏切りを感じさせるからだ。「えーッ。あの子こんなになっちゃったのぉ?」という失望である。人形のように可愛らしかった女児が胸のふくらみを見せ、玩具のように小さかった男の子がにきび面になる。それを観客は「こんなはずじゃなかった」と思うのだ。考えてみれば残酷な話だ。人間、成長するのは当たり前なのだから。だがそれが子役の宿命なのだ。酷な言い方をすれば、子役とは愛玩される対象であり、その成長や変貌を望まれる存在ではない。飽きられる年齢は、必ず思春期。十四、十五、十六歳に訪れる。どの子役もそこを通り抜けられずダメになる。せいぜい脇の役者として生きるのみだ。

本人に聞いてみよう。

——あなたは子役の危険年齢である思春期をなぜ無事に切り抜けられたと思いますか?

「そうねぇ……。やっぱり『馬』や『綴方教室』といういい映画に出られたからじゃない。山本嘉次郎監督のおかげですよ。それと東宝という会社の方針。東宝だからああいう映画を撮った。松竹だったら撮ってない。松竹は大人の女のメロドラマが主流だから。恵まれてたんですよ、私は」

高峰さんは淡々と答えた。

だが当たり前だが、映画会社は営利企業であって、慈善団体ではない。客を呼べそうもない映画は作らない。それに、子役出身の少女や少年でいい映画に出たのは高峰秀子だけではない。

高峰秀子がその思春期を気持ち悪がられず、むしろ子役時代より絶大な人気を得て、数億枚のブロマイドを売ったのは、なぜか。それは、本人に〝魅せんかな〟の姿勢がなかったからではないだろうか。これはその後の彼女の役者人生に一貫している姿勢なのだが、その年齢に応じた役を、その年齢の確かな生活感をもって演じている。

高峰ファンを自認する作家の井上ひさし氏は書いている、「小学校に入る前『馬』で高峰さんを観て大ファンになりました。ピンナップガールなんていうのじゃなく、同じ空気を吸うのも畏れ多い存在でした。彼女の写真は御真影のような扱いで、部屋の中の一番いいところに貼っていました。母親であり、姉であり、先生であり……高峰さんは、あらゆる女性をかねていました」（「オール讀物」二〇〇一年七月号）。そして戦時中、前線の兵隊達は、行く先々の兵営の天井に高峰秀子のブロマイドを貼り、「次に来る奴らのために残しておいてやろう」と、剝がして自分のものにしたい欲望を抑えたのだ。

高峰秀子が名実ともに「大女優」である所以はそこにある。役柄の人物に間違いなく生命を吹き込むことができる力、つまり人間に対する深い理解力の上に立った演技がでである。

だが忘れてならないのは、彼女が五十年にわたり三百余本というすさまじい数の映画に出演したにもかかわらず、遂に最後まで、女優という職業を好きになれなかった事実である。

五歳の誕生日に実母を亡くした途端、まるで攫われるようにして叔母の養女となり、北海道から東京に行った。そしてある日、養父に背負われて松竹蒲田撮影所に行くと、『母』の主演子役のオーディションをしていた。養父は子供の列の最後に秀子を立たせた。「この子だ」、野村芳亭監督が選んだ。たったそれだけのことが始まりだった。以後四十年近く、彼女は十数人の親族を養わねばならなくなるのだ。「生まれ変わって、もしまた映画界で仕事をすることになっても、絶対に女優はイヤ。美術か衣装か、人前に自分を晒してあれこれ言われない仕事がいい」。これが高峰秀子の気持ちである。そして望むべくは「深い穴の底でじっとしていたい」そうだ。

だが不幸なことに、そして我々観客にとっては幸せなことに、高峰秀子にはずば抜けた演技力があった。やめようにもやめられない自分の職業に諦めと決意を持って最善を尽くした女優は、百数十の映画賞を獲得しながら、無声映画からトーキー、カラー、シネマスコープと、日本映画の歴史を駆け抜けていったのである。

「子役は大成しない」、このジンクスを破った、たった一人の女優である。

高峰秀子はもう一つのジンクスを破った。

「天は二物を与えず」

彼女の著作は、夫・松山善三氏との共著を含めて、現在まで二十六冊ある。初の著書は昭和二十八年刊行の『巴里ひとりある記』。

「人間って、人生という旅のある駅で、ふっと立ち止まる時があるんですよ。女性ならさしずめお肌の曲がり角というところだし、男性なら今後の方針を決める時期」

それが二十七歳。十数人の血縁の生活を担わされ、好きでない女優という職業にがんじがらめになりながら、どこまで続くぬかるみぞ……。遂に高峰秀子は逃亡した。パリへ。半年。だが彼女は常に注視されている。映画会社から世間から、ファンから、そして親族から。秘密裏に行くことは不可能だ。そこで、カンヌ映画祭に出席することを口実にした。当然、人気女優の渡仏は大々的に報じられ、この機会にと映画世界社の編集者が滞在記を書くよう要請してきたのだ。この際パリに半年行けるなら。高峰はパリから定期的に手紙の形で滞在記を送った。帰国後、それをまとめて加筆したものが『巴里ひとりある記』である。

本人は考えていた。「半年も日本からいなくなれば、後援会も消滅し、世間も私を忘れる。小学校もまともに出ていない私には何もできないが、お運びさんでも何でもして生きていこう」。今思えば、高峰秀子らしからぬ甘い見通しだが、つまりそれだけ彼女は自分を過小評価していたわけである。現実は、忘れられるどころか、帰った途端、「高峰秀子帰朝第一作」と銘打った『朝の波紋』の撮影が待ち構えていた。

一冊目が出ると、同社から二冊目を頼まれ『まいまいつぶろ』。次には他社から声がかかり……最後には七十歳を過ぎた高峰秀子を私が三年越しで口説いて文藝春秋に引きずり込んだ。

だが本人によれば、書くことは女優業ほど嫌いではないそうだ。人前に出なくていいから。考えてみれば、高峰秀子はデビューした五歳の時から〝書いて〟いる。松竹蒲田作品後援会が出していた雑誌『蒲田』に撮影日記を書いていたのだ。幼いし忙しいからと最初は宣伝部の人間が代わって書いていたが、幼心に「何か違う」と感じ、自分で書き始めたという。例えば「キョウハ、クリシマスミコセンセイト、オシバイヲシマシタ」。

ここで重要なのは、高峰秀子は小学校に延べ一カ月も通っていないということである。傍にいる養母は目に一丁字もない人だった。だから彼女は独学で字を覚えた。唯一自由な時間、地方ロケの行き帰り、汽車の中で絵本を見ながら。象の絵があれば、これは「ゾウ」と読むのだなと。

そんな思いをして字を覚えた人が、のちに「名文家」と呼ばれるようになった。そこに至るまで、高峰秀子がどんな思いを抱いていたか――。それは後述に譲るとして、確かに言えることは、彼女には文才があったということだ。

高峰秀子の文章の特色は人柄そのもの。短文、「である」調、そして見事なまでにそぎ落とした文章であるということ。女性には極めて珍しい。チャラチャラ飾り立てた表現や、自己満足の難解な文章は一つもない。淡々として、平明。そして何よりも特徴的なのはその姿勢、自己の客体化である。一番顕著に表れているのが、自伝『わたしの渡世日記』だ。自分自身について書く時、この客体化は非常に大切なものだが、同時に大変難しく、自伝と名のつくものでこれをなし得た作品は少ない。つまり高峰秀子は文章を書く時、その演技と同じく、必ずもう一人の自分を携えているのだ。読者より、観客より、監督より編集者より、誰よりも冷たく厳しい、自身の目。その目でじっと見据えた文章なのである。

と言って、冷たい文章とは違う。冷めているが、ユーモアに富み、心にしみる。もはやここでその一節を紹介する余裕はないが、著書『にんげん蚤の市』に収められている、宅配の青年との心の交流を描いた「小さな棘」、高峰がよく行く魚屋で決まった時間に必ず出逢う車椅子の少年の話「午前十時三十分」……これらを読んで、心を動かされない人はいないだろう。

人の心がわかる人。だからこそ書ける随筆である。だが彼女は言う、「私のは素人の綴り方ですから」。怖い人である。

残念なのは、「もう老衰で書けません」と、追いすがる編集者を振り切って、筆を折ったこと。かえすがえすも、もったいない。

驚くべきことに、高峰秀子はさらにもう一つ、ジンクスを破っている。それは、「大女優は私生活では幸せになれない」。

このジンクスは「子役は大成しない」に勝るとも劣らず、破るに至難だ。それはもともと女優という職業が持っている〝魔〟による。着飾って人にチヤホヤされ、贅沢ができるだけの金が入る。並の女は勘違いするのだ。「私は特別よ」と。ましてや人に「大女優」などと呼ばれようものなら、もうまっしぐらである。当然、結婚などより仕事が大事に思え、たとえ結婚しても家事をする気持ちも時間もない。やがて破綻し、離婚・結婚を繰り返す。ある女優と別れた俳優が私に言ったことがある、「彼女の別れ際の捨て台詞はショックでしたよ。『結婚というものを一度してみたかっただけよ』」。ひどい話である。だがこの女優が特殊なのではなく、言ってみれば典型なのだ。女優を非難するのではない。女優とはある意味で女の凝縮なのだ。つまり女なら誰もが少なからず持っている虚栄心をくすぐる商売なのである。それに多くの女優が幻惑される。念のために言うが、私は「結婚が女の幸せ」と言っているのではない。現に私は結婚していないから、意地でも不幸だとは言わない。幸せの意味は人それぞれに違う。だが、女性に限らず、人間として生まれて、愛する人と悲喜こもごもを共にしながら人生を歩むことに幸せを感じない者がいるだろうか。ただし、どういう結婚をするかが問題だが。

高峰秀子が大女優でありながら、幸せな結婚生活を手に入れられたのは、とりもなおさず彼女の価値観による。高峰秀子は、大勢の人間が協力して映画という一つのものを作り上げることは好きだったが、女優という生き物が持つ虚栄を何よりも憎んだ。高峰秀子が望んだものは唯一つ、「普通の生活」である。

結婚に至るまでの心境を本人がある対談で端的に述べた一節を紹介しよう。

「私は気がついたら映画界にいました。そのうちどんどんお金が取れるようになって、有象無象がいっぱい寄ってきちゃって、稼いでも稼いでもその人達がいっぱい使っちゃって、私はもう疲労困憊してたんです。それでパリに逃亡してみたけどダメだった。だから居直った。ああそうかい、いいよ、やんなくちゃならないんだったらやろうじゃないかと。職人と割り切ってやりましょう、ただし三十歳まで。人畜無害な作品だけに出演して、エロ、グロ、ドンパチには出ない。そして三十になって目ぼしい人がいたら、結婚して、今度はその人のために三十年、六十歳ね。それでお終い。六十まで奥さんを務めて、旦那が死んじゃったら――まだ生きてるけどね。生きててもらわなきゃ困るけど――そしたらあとの時間は読書三昧。ちゃんと計画通り、その通りやってます」

その「目ぼしい人」が脚本家・映画監督の松山善三氏である。高峰秀子が映画一本で百万円というギャラを取っていた時、彼は月給一万二千五百円の助監督。ここが大事なのである！　大女優の高峰秀子には財産家の男性からの縁談が降るほどあったにもかかわらず、彼女は迷わず貧乏な青年を選んだ。なぜか。高峰さんは私に言った。

「松山は私にないものを全部持ってる。もう誠実が洋服着てるような人」

つまり高峰秀子が希求したにもかかわらず、それまでの生活では決して得られなかったもの、誠実、正直、清廉。松山氏はそのカタマリだった。そしてそのことを見抜く目を高峰秀子は持っていた。彼女のその価値観は、女優業が持つ魔などにはビクともしなかったのである。

恐らくこの彼女のひと言が全てを物語っていると思う（注　私は夫妻を「とうちゃん」「かあちゃん」と呼んでいるので、高峰さんは私に対する時は自身を「かあちゃん」と言う）。

「かあちゃんは子供の時から働いて働いて……。だから神様が可哀相だと思って、とうちゃんみたいな人に会わせてくれたんだね」

流しでサラダ菜を洗いながらそう言った高峰さんの笑顔が、幸せの意味を私に教えてくれた。

動じない

動じない――。恐らくこの言葉ほど、高峰秀子を象徴する言葉はないだろう。あの時なぜもっと冷静に対処できなかったか、どうしてあんなに感情的になってしまったのか。誰でも一度はそう思った経験があるのではないか。少なくとも、私はある。そんなこととの連続だと言ってもいい。

だからこそ高峰秀子という人に目を見張る。「こんな人がいるなんて信じられない」と思う。どうすれば、これほど何事に対しても平常心でいられるのか、どんな局面においても冷静で適切な判断ができるのか。私は高峰秀子という人に出逢って以来十数年、そう考えない日はなかった。

そして高峰さんに対する「あり得ない」感が高じたあまり、いつの頃からか、思うようになった。要は度量の違いだ、言い換えれば人間の〝器〟の問題。もっと言うなら、〝高峰秀子だから〟なんだ、と。

ところが最近、果たしてそうだろうかと思うようになった。確かに〝器〟は大きな要因だ。そして高峰秀子は器の大きい人だ。事実、初めて彼女に会った時、私の頭には瞬間、漫画の吹き出しのように文字が浮かんだ。「これが大物というものか」。だが〝器〟

だけを「なぜ」の答えにするのは、自分もそうなりたいと願って努力することを自ら放棄することであり、一種の〝逃げ〟ではないのかと思い始めたのだ。第一それなら、高峰秀子は、幸運にも生まれつき大器だったから、何の努力もなしに人生を送ってきたことになる。先天的な資質だけをもってして、こんな見事な老境を手に入れたことになるのだ。

それは、違う。

二〇〇六年十一月某日、麻布・松山邸。

高峰さんはいつものように食卓の定位置に着き、傍らにはやはりいつものように、喫煙具を載せた愛用の銀盆がある。

――これまでの人生で一番びっくりした、あるいはショックだったことは何ですか？

「そうねぇ……人生で……？」

そして、高峰さんは答えた。

「母親の葬式の翌日、東京へ連れてこられて、母親が死んだのにさ、デブ（養母のことを高峰さんはこう呼ぶ）に『私があんたの本当のおかあさんだよ。さ、かあさんって言いなさい』って言われたことですね。人生で最初に、そりゃないよと思った。人間不信に陥った最初だから、大ショックだよね。このオバさん、何言ってんだろうと思った。五歳の時」

デブ。養母とはいえ、かりそめにも自分の親を……。そう感じた読者もいるかもしれない。確かに高峰さんの養母は太っていた。だが高峰秀子は他人の肉体的特徴をあげつらって揶揄する類の人ではない。なぜ彼女が養母を「デブ」と呼ぶか――。そこにこそ彼女の、自身の半生への思いが凝縮していると言えるのだ。そのことはおいおいわかっていただくとして。

私は正直、先の答えが意外だった。五歳の時の出来事は高峰さんの中に「人間不信」の種を蒔いた気の毒な出来事として私も記憶していたが、この質問の答えとして選ぶとは思わなかった。というのは、養母・志げという人がその後半世紀にわたって繰り広げた凄まじい行状に比べれば、「かあさんと呼べ」などということは何ほどのことでもないのにと、私には思えたからだ。

志げの行状とは、たとえば。

・学校に行けない十代の秀子が、やっと撮影から解放され、夜、布団の中で本を読んでいたら、「私への当て付けか！」と言って、頭上の電灯を消した。

・「これが僕達のお母さんだよ」と、長兄がたった一枚残っていた実母の写真を北海道から持参して、秀子に見せようとした時、いきなりガラッと襖を開けて現れ、その写真を跡形もなくちぎり捨てた。

自宅居間にて（1998年9月28日）。撮影・操上和美
後ろに写っている梅原龍三郎作「高峰秀子像」は2005年11月、世田谷美術館に寄贈した。

・二十代の高峰さんがせめて心の糧にと一粒のダイヤを買ったら、「親の私がダイヤをするならわかる。娘のお前がダイヤをつけるとは何事か！」と、撮影に向かおうとする高峰さんめがけて、玄関で椅子を投げつけた。

・前述したように高峰さんがパリに半年間滞在していた時、どこで住所を知ったか、電報を寄越した。「カネオクレ」。

・帰国すると、高峰さんの自宅は大きな料亭になっていた。「娘が私を捨ててパリなんかに行ったものだから、私は生活ができません」と幾つもの銀行を泣き歩いて金を借り、料亭にしたのだ。

・フランスから帰国後、高峰さんはそこに二、三泊したある朝、自宅であるにもかかわらず、宿泊代、食事代、さらにはクリーニング代まで請求された。しかもその宿泊代は帝国ホテルの料金より千円高かった（昭和二十六年当時）。

・高峰さんの洋服や持ち物を無断でファンに売っていた。

以上は、志げという人物がとった言動のほんの一部である。ドラマではない。高峰秀子が体験した現実だ。

だが、これらの出来事の何一つにも高峰さんは驚いていない。椅子を投げつけられた時は、さすがに身をかわし、その拍子に三和土(たたき)で転んだ。だがすぐに立ち上がり、パンパンとスカートの埃を払うと、顔色一つ変えず撮影所に向かっている。

私を含め普通の人間で、これらどれ一つでもされて、驚かない人間がいるだろうか。たぶん、泣き、悲鳴を上げ、怒り、ののしり、もしかしたら取っ組み合いの喧嘩になっているかもしれない。少なくとも私なら、それら全部をやった上で、縁を切る。

こうまでされても高峰さんが縁を切らず、それどころか、七十歳を超えボケてなお我儘の限りを尽くす養母を自宅の離れにまで引き取って面倒をみた理由は、ただ一つ。

「親だから」

では、なぜこのような人物が高峰秀子の「親」になったのか。

志げという女性は高峰さんの実父の妹、つまり叔母である。高峰さんの実家は、函館で蕎麦屋料亭や映画館などを経営する裕福な家で、ふた親も揃い兄弟もいるという、いわば当たり前の家庭だった。志げは若い頃、女活動弁士をしたことがあるのだが、秀子が生まれる頃には結婚して東京にいた。夫はやはり元活動弁士だったが、その頃には芸能ブローカーの真似事をして、あまり家にも寄り付かなくなっていたという。子供でもいればと思ったのか、志げは兄に四番目の子供が生まれたら、それが男でも女でも養子にしたいと希望していたのだ。だから生まれたのが女児と知って、志げが「秀子」と名づけた。だが一度はその申し出を承諾した兄も、生まれてみれば初めての女児であり、しかも愛らしい。ために志げが約束の履行を求めて東京から函館にやって来る度に、何かと理由をつけて秀子を渡さないでいた。秀子の母親は、まだ元気だった頃、「秀子を差し上げるつもりはありません」と、わざわざ東京まで養子縁組を断わりに行っている。だがその実母が結核で死んだ、秀子五歳の誕生日に。それが志げにとって好機でなかったはずはない。父親は高峰さん曰く「人がいいだけの、気の弱い人だった」し、男手に五人の子供を残され困ってもいた。だから秀子を志げに渡したのである。

いつか高峰さんが言ったことがある。

「私は予約された子だったの」

芸名「高峰秀子」としたのは、志げである。それは自分が女活動弁士をしていた時の芸名だった。その名に志げがどんな思いを込めたのか、今となってはわからない。だが秀子という一人の子供の運命を決めたことだけは確かである。

だが、志げも初めから尋常ならざる人物だったわけではない。秀子が映画界に入ったばかりの頃は、人気があっても子役のギャラは安く、それでいて衣装や〝蒔物〟（挨拶用に配る手ぬぐいや品物）は全て自前だったから、二人の生活は楽ではなかった。だから鶯谷の小さなアパートに住み、志げは住人の大学生二人の賄いをして家計の足しにしていたそうだ。二人きりの母娘は一つ布団で寝起きして毎日撮影所に通った。抱いて寝てくれたかあさんの、まだ優しかったぬくもりの記憶、それだけが高峰さんの心をつなぎとめていたのである。

「当時、松竹蒲田には子役が五十人ぐらいいて、全員が同じ大部屋にいたの。それぞれ親が付いてね。その頃、私は頭を刈り上げみたいにして男の子の役も演ってたから、『なんで秀ちゃんは男の子の役も演るんだ』って、デブは男の子役のお母さん達にチクチク言われてたみたい。その度にデブはペコペコ頭を下げてた」

だが志げは変わった。変えたのは〝金〟である。子役から少女スターになった高峰秀子が稼ぎ出す、莫大な金。志げが明らかに変わったのは、十二歳の高峰秀子を東宝が松竹から引き抜いた時からだ。東宝は移籍の条件として、高額の契約料の他に、世田谷区成城に母娘の家まで用意した。だが秀子自身の心を動かしたのは、もう一つの条件、「学校に行かせてやる」だった。そして文化学院に入学するのだが、喜びもつかの間、撮影が忙しくて月に一日出席できればいいほうだった。結局、学校を取るか仕事を取るかと担任教師に選択を迫られ、秀子は学校を諦める。その時には既に養母が北海道から呼び寄せた親戚十数人の生活が秀子一人にかかっていたからである。

「学校へ行かなくても勉強はできる。今日からは、会う人、見る物、全てが私の先生だ」。秀子はまだ真新しい教科書を古新聞と一緒に括るのである。高峰さんの自伝『わたしの渡世日記』でこのくだりを読んだ時、私は胸が詰まった。わずか十四歳で、誰にも相談せず、これほどの決意をした高峰秀子という人に驚嘆した。そして誰一人としてその彼女の心情を汲み取ってやらなかった周囲の大人達を憎んだ。殊に養母を。

娘が学業を諦めてまで一家の稼ぎ手として生きる覚悟をした時、皮肉にも、養母はその欲望の箍を外したのである。その時から母娘は二度と心を通わせることなく、真反対の方向をめざして歩き始めるのだ。

「デブは私の反面教師だった」

高峰さんのこの言葉はあまりにも重い。日本中の人々がその笑顔に癒され、その演技に泣き、励まされ、心打たれていた間じゅうずっと、高峰秀子はただ黙ってこの養母を抱え、血縁十数人の生活を担っていたのである。

会う毎に女性達は言ったという、「いいわねぇ、綺麗な洋服を着て贅沢ができて」。高峰秀子は黙って微笑んだ。その微笑の意味を知る者は誰もいなかった。

——二十七歳で遂にパリに半年逃亡はしますが、それまでの二十年余りの間にも、逃げ出そうと思ったことはないですか？

「だって私が逃げ出したら、デブはもちろん、親戚十何人が飢え死にですよ」

何か、ぞっとするほど、その笑顔は美しかった。

だが聞かねばならない。

——しかしあれほど凄まじい出来事が日常にあると、たとえば撮影していても、その前にあったイヤなことが頭に浮かんで心が乱されるということはなかったんですか？

「ないですね。イヤだと思っても生活が変るわけじゃなし」

——理屈ではそうですが、人間の感情というのは自分では思うようにならない時もあるでしょう?

「私は考えても仕方のないことは考えない。自分の中で握りつぶす」

——じゃあ、忘れられないほどイヤだったことや腹が立ったこともないわけですか?

「ないね。だって、女優やってること自体がイヤなんだからさぁ、その中で何があったって、どうってことないよ」

高峰さんと一緒に、思わず私も吹き出していた。

何を見ても、見誤らない人だ。一度聞いたら、忘れない人である。養母に言われた「私があんたの本当のおかあさんだよ。さ、かあさんって言いなさい」。その〝嘘〟を、五歳の小さな眼は見破り、言った人物を訝(いぶか)った。そして「これは怪しの者だな」と判定したのである。

生まれて初めての出逢いが〝人間の偽り〟だったのだ。そしてその一言がその後延々と続く偽りの、端緒だった。無垢な心に投げかけられた〝衝撃〟は、その後のどんな出来事より、彼女にとっては大きなショックだったのだ。私は、迂闊にもそのことに今、やっと気づいた。

——もしデブと一緒でなかったら、もう少し女優業がイヤじゃなかったと思う?

「そしたら女優してないよ。だから何がよかったかね。今になったらわかりません」

顔を見合わせて、私達はまた、笑ってしまった。

二

前回述べたように、高峰さんの物事に動じない性格は、養母・志げに「私があんたの本当のおかあさんだよ。さ、かあさんって言いなさい」と責め立てられた五歳の時の出来事と深く関わっている。遂に半べそをかきながら「かあさん」と呼んだ秀子は、呼ばせた相手を「これは怪しの者だな」と感じる。そして「ふーん、人間ってこういうものなのか」と思うのだ。

だが、もし高峰秀子が凡庸な子供なら、ここまでは思わなかっただろう。才人と謳われた徳川夢声がかつて高峰さんを評して言った、「ああ利口じゃ、気の毒だ」。世の中、わからないほうが幸せという事象がいくらもある。だが高峰秀子は「気の毒」にも、既に五歳にして物事の真偽を見極める目を持っていた。ために彼女は、それ以後、用心を手放さない子供になり、やがて、おいそれとは人に心をゆだねない、隙のない人間に成長していくのである。

十二月某日、小雨。麻布・松山邸。

――私は拙著の中で若い頃の高峰さんについて〝仮面と鎧〟という表現をしたことがありますが、高峰さんの動じない性格は、やはり環境に負うところが大きいのでしょうか？

「そうですね。家ではデブ（養母）の前でいつも鎧をつけてた。ああいう攻撃的な人だったから。そして撮影所に行けば仮面をつける。イヤなことや腹が立つことがいっぱいあっても、それをいちいち顔に出してたら仕事ができないからね。それに女優という仕事そのものが仮面ですよ。だから習い性ですね、動じなくなっちゃったのは」

――でも、養母も亡くなり女優業もやめて、鎧と仮面を脱ぎ捨てて久しい今も、動じないままですよね？

「うん。もうそうなっちゃったんだね。私は松山の前でもそんなに感情を出さないでしょう？　一線を引くというか。それは、松山は私じゃないから。つまり礼儀ですね」

――じゃ、一見、動じないということで同じように見えても中身は全然違うわけですね？

「全然違う。安心感が」

私は深く頷いた。そして五十年以上も連れ添った夫に対して感情をあらわにしないことが、相手への礼儀であるということに、ある感動を覚えた。私は独り身だから夫に対する態度は実感がないが、しかし巷間目にし耳にするところによると、多くの夫婦の破綻の原因はそこにあるのではないだろうか。いや、人間関係全ての破綻の原因がそこにあると思える。自分の感情をあらわにするのは、相手への押し付け、無礼になる。書いていて、自分の耳が痛いが。

つまり高峰さんは感情を制御する。自分の感情にひきずられない。それは、負の感情ばかりでなく、その反対の感情についても同じだ。おおよそ有頂天などとは無縁な人である。だが嬉しかったことはあるはずだ。

――一番嬉しいと感じたことは何ですか？

「うーん……松山と結婚して良かったなぁと思うけど、それは長い間に、日々しみじみと思うことだからね」

なるほど。

と、思い出したように言った。

「子役をしてる時、小学校の指田先生が、私が地方ロケに発つ度に何回も駅のホームまで絵本を持ってきてくれた。一、二年の担任の先生。今なかなかそういう先生、いないよ」

後年、テレビの「小川宏ショー」のご対面コーナーで会った時、高峰さんは懐かしさのあまり抱きつかんばかりにして手を取ったら、それは息子さんだったそうだ。指田先生は既に亡くなっていたのだ。だがその時の高峰さんの態度を思えば、子供の頃に指田先生から受けた厚意がどれほど嬉しかったかがわかる。

　働きづめで小学校に行けない高峰さんは、その絵本を汽車の中で見ながら、独りで字を覚えていくのである。

――文藝春秋の池島信平さんのことも……。

「あ、信平ちゃんね。いい人だった。私が女優をやめたいって言ったら、『うちの会社へおいでよ』って言ってくれた。そんなこと言ってくれたの信平ちゃんだけだった」

　それは高峰さんが二十代半ばのことである。彼女は〝お付き〟を連れて歩くような人ではないから、若い頃も一人で銀座などに出かけた。だが当然のようにファンに追いかけられ、落ち着いてお茶も飲めない。やがて〝いい場所〟を見つける。当時、銀座の並木通りにあった文藝春秋のサロンだ。そこに集まるのは作家や漫画家だったから、食事中にサインしてくれなどと不躾を言われることもなかった。だから彼女はよく立ち寄るようになり、そこで池島氏と知り合うのだ。彼はのちに文藝春秋の社長になる、伝説の名編集者である。男気のある、それでいて細やかな心配りのできる人だったという。二人は気軽に話をするようになり、やはり池島氏の人柄なのだろう、高峰さんは本音を漏らすようになるのだ、「私、女優の仕事、嫌いなんだ」。

　その日も高峰さんが一人でオムライスを食べていると、「よぉ、デコちゃん（高峰さんの愛称）」と池島氏が笑顔でやってきた。雑談するうち、高峰さんは「信平ちゃん、私、

自宅居間にて自著に目を通す（1998 年 9 月 28 日）。
撮影・操上和美
机は中央に大理石が埋め込まれた香港製で、松山氏からのお下がり。

やっぱり女優がイヤなんだ」。その時、氏が言ったのだ、「本当に、本当に君が女優をやめたいなら、うちへおいで」。「小学校もろくに行ってない私が出版社に行って何ができるの」、高峰さんが呆れたように言うと、氏は真っ直ぐに高峰さんを見て言ったそうだ。「文章は学歴で書くもんじゃないよ。僕が教えてあげる。どうしても女優をやめたいなら、うちへおいで」

「なぜやめたいのとか、どうしてイヤなんだなんて一切聞かない。ただ『おいで』って言ってくれた。でも行けるわけないよ。十何人の親戚の生活が私にかかってるんだから」

高峰さんは述懐した。

いい話だ。だが哀しい話である。

「信平ちゃんも指田先生も、そういう風に自分を思ってくれる人がいるということが有難かった。やっぱり人間に慰められることが嬉しかったね」

人間に慰められる――。

この人が大切にするものは〝真意〟だ。飾り立てた表現ではない。真実、相手が思っている、その気持ち。朴訥だろうと、たとえ地味だろうと、それが心からの厚意であれば、深く受け止め、忘れない人である。

それは、自分が相手に示す時も同じだ。泰然として動じないが、高峰秀子の喜怒哀楽は、静かに深い。だから楽しい時もはしゃいだりはしない。だがこの人には茶目っ気がある。

まだ新婚時代。帰宅する夫を驚かせてやろうと、高峰さんはクロゼットに隠れた。「ただいま」、何も知らない夫は着替えようと思ってクロゼットを開けた。「うらめしィ～」、胸の前にダラリと両手を下げて、新妻はお化けの真似をした。バコーンッ。次の瞬間、高峰さんの目から星が飛び散った。生真面目な夫はびっくりして、クロゼットの暗がりから現れ出た異形のものに思い切りパンチを食らわせたのだ。エ～ン。あまりの痛さに高峰さんは泣いてしまったそうだ。

月日は流れ、四十年後、私は似た場面を目撃した。

当時勤めていた週刊誌の編集部でいつものように仕事をしていると、夕方、自宅の留守電にメッセージが入った。「とうちゃんが文化庁の脚本コンクールで特別賞って一番いい賞を貰ったの。おめでとうってファックス入れといてあげて」。高峰さんの声だった。松山氏はそれまでに二度落ちていて、この日の発表を気に掛けていたそうだ。よし、何か祝いをしよう。考えた末、私は夫妻がよく行く築地の鰻屋に特上の鰻重を二人前注文して、それをタクシーで松山家に届けた。松山氏は自作の舞台稽古に出かけてまだ帰っていなかった。「あんたも待っていてあげて」。私は高峰さんと一緒に氏の帰宅を待った。

「嬉しいぞー」。十時近くなった時、一階の玄関で松山氏の声がした。文化庁からの知らせを高峰さんが稽古場に伝えておいたのだ。

その時である。高峰さんが食卓を立って、言ったのだ。

「二人でとうちゃんを驚かせてやろう」

そして居間の入り口に行くと、

「私はこの台所から飛びつくから、あんたはそこの納戸からね」

飛びつく？　言われるままに納戸に行き、向かいで悪戯っ子のように身構えている高峰さんの顔を見ながら、私は戸惑っていた。かあちゃんがこんなことをするなんて……。

やがて、ゆるくカーブした広い階段を松山氏が上がってきた。

「おめでとう！」

高峰さんと私は、打ち合わせ通り両側から氏に飛びついた。松山氏はしっかりと高峰さんを受け止め、私は氏のセーターの背中にそう高くもない鼻を埋めただけだった……。

部屋に入ったあと、高峰さんは「う〜、よかったねぇ」と、また改めて氏に後ろからしがみついた。なんだ、なんだ、私は正直、ドギマギした。が、やがて、ちょっと涙が出そうになった。なんていい光景なんだ……。高峰さんがこれほど喜びをあらわにしたのを見たのは、この時だけである。

そしてもう一つ。これは今でも忘れられない、高峰秀子の不思議な表情である。

先の出来事からおよそ一年後。高峰さんの本が文庫化されるのを機に、日本橋三越の中央ホールでトークショーが開かれた時のことだ。一段高いステージの前に設置された百席ほどの椅子から溢れた人々がその周りを囲み、頭上のバルコニーにもこぼれんばかりの観客がいた。『二十四の瞳』の思い出話をという先方の申し出に、「そんな昔話、誰も興味を持ちませんよ。いかに老いるか、みんなが興味を持っているのはそれです」、高峰さんが自らテーマを決めていた。女性司会者を相手に、高峰秀子の見事な仕切りと話術でトークショーは大喝采のうちに終わった。ステージから降りてくる高峰さんを迎えて、私がホッと一安心した時だった。思いもかけぬことが起きたのだ。

それまでお行儀よく見ていた観衆が、椅子を立つや、こちらに向って突進してきたのだ。百数十人も。まるで牛の暴走だった。私は咄嗟に高峰さんをかばい、エレベーターに急いだ。振り向いた時の恐怖は今でも鮮明に覚えている。映画『インディ・ジョーンズ レイダース 失われたアーク《聖櫃》』、ハリソン・フォードが洞窟の中で背後から転がってくる巨大な石の球に追われ、必死に逃げるシーン。まさに、あれだった。「押し潰される」、私は思った。群集はあっという間に私達に追いつき、高峰さんをかばう私の肩や洋服をひっぱった。「九州から来たんです〜」「一生に一度でいいから会いたかったんですー」「サインしてくださ〜い」……口々に叫んでいる。分別のあるべき中高年がまるで十代の少年少女のように熱気を帯びていた。

その時、私は自分の身体の内側にいる、高峰さんの顔を見た。それは、〝無〟だった。

何の表情もなかったのだ。不愉快とも違う、ツンと澄ましているのとも違う、ましてや得意そうでも嬉しそうでも、何でもない、一切の表情がない顔。全く〝無〟としか表現することのできない、不思議な表情だった。

群集につっつかれながら、私は一瞬、時が止まったような感覚を覚えた。そして妙な言い方だが、私は〝高峰秀子の人生〟を見たような思いがしたのだ。「あぁ、こんな風にしてこの人は生きてきたんだ」と。

わずか五歳で有名になってしまい、こちらは相手を知らなくても、相手は自分を知っている。戦時中は戦地の兵隊達から「日本国　高峰秀子様」で手紙が来た人である。常に注視され、興味を持たれ、様々な思惑を抱いた人間が寄ってきて、山のような出来事がめまぐるしく起こる人生。彼女はいつの頃からか、それら一切を遮断し、自分の内に入れないようになったのではないか。激しい渦巻きのような人生の中で、「深い穴の底でじっとしていたい」自分をせめて失わないようにするには、それらのことに心を乱されないこと。それだけが彼女にできる唯一の自己防衛策だったのではないだろうか。

「食べよう、食べよう」

高峰さんの言葉で、インタビュー終了。書斎から下りてきた松山氏に聞いてみた。

――かあちゃんは本当に動じない人です。とうちゃんはいかがですか？

「僕？　僕はこの人と結婚して以来、動じてばかりですよ」

思わず私は吹き出した。

「笠智衆さんが僕達の結婚の祝いにくれた北大路魯山人の壺が、ある日帰ってきたらないから、どうしたって聞くと、『売った』。僕が十年ローンでやっと手に入れた中川一政さんの『薔薇』も売っちゃってるし。ひどいよね。それでいて、突然自分は横山泰三さんの少女像を買ってくるんだよ。いくらだって聞いたら『六十万よ』って」

へへ、と笑って高峰さんは台所に行った。戻ってくるとその手には、私の大好物が。動じない人がじっくり煮てくれた黄金色のかぼちゃは、絶品の味だった。

結婚数年後、自宅庭で夫の松山善三氏を散髪。遊びに来ていた写真家の秋山庄太郎氏が屋内からパチリ。「高峰さんに褒めてもらった写真はこれだけ（笑）」と秋山氏が言ったほど高峰さんのお気に入りの一枚。
撮影・秋山庄太郎　協力・秋山庄太郎写真芸術館

求めない

一

私は、高峰さんを見ていると、時々、思うことがある。もしかして、この人にとっては、あらゆることがどうでもいいんじゃないか、と。

「どうでもいい」とはいかにも乱暴な言い方だが、しかし私が感じるものを忠実に言葉にすると、この言い方になる。

今や一歩も外に出ず、誰にも会わず、インタビューや執筆の依頼も頑として受けず、時には喧嘩腰で断り、三度の食事の支度以外はひたすらベッドで本を読む日々。そんな姿を見ているから、私はそう思うのか。いや、そうではない。引退した大女優がもう世間の雑事に煩わされることなく静かに過ごしたいというだけのことなら、それはそれで理解できるし、実際、確かにそういう面もある。だが、私が高峰さんに対して感じる「どうでもいい」は、そういうことではないのだ。年を取ったから云々、もう引退しているのだから云々という問題とは違うところにある。むしろ年を取ったからこそ、まるで余分な脂肪が肉体からそぎ落とされていくように、高峰秀子という人間の〝真髄〟がいよいよ明確に表れてきた、という感じがするのだ。

何をしてそう思うのか。最も典型的と思える例を挙げよう。

一昨年（二〇〇五年）。その年は映画監督の成瀬巳喜男・生誕百年ということで、様々なメディアがいつにも増して高峰秀子を引っ張り出そうとした。最初は私も高峰さんの側に立ち、仲介してほしいと言われても「断るように言われていますから」と全て断っていた。だがそんなことを繰り返し、夏も終わりかけた頃、私はハタと思ったのだ。これでいいのだろうか。このまま高峰秀子が成瀬を語らずじまいでいいのか。『浮雲』『乱れる』『女が階段を上る時』『流れる』『妻として女として』『放浪記』『稲妻』『秀子の車掌さん』……実に十七本という、成瀬作品最多出演の女優であり、成瀬自身も高峰の感性を好み、病床で最後の作品の構想を彼女に語って「出てくれるかい？」と言ったほどだ。やはり聞かねばならない。誰も高峰秀子を説得できないなら、松山家に出入りを許されている私こそやるべきではないのか。

そしてある日、思い切ってインタビュー依頼の電話をした。それは、初めて高峰さんに電話をした時の緊張感と似ていた。

夫君の松山善三氏がまず言った。

「高峰は受けないよ。知ってるだろう」

その声は明らかに落胆に満ちて、「お前までそんなことを言い出すのか」と言っているように聞こえた。だが、たとえ松山家に裏切り者と謗（そし）られても、今、八十一歳の高峰秀子が成瀬を語ることは、日本映画界にとってこの上もなく重要なことだという私の確信は変わらなかった。

高峰さんが電話口に出た。

「面倒臭い」

開口一番、彼女は言った。

予想通りだ。私は思った。

「いつもなら私もこんなお願いはしません。でも生誕百年なんです、成瀬監督の。二度とないんです」

言いながら、私には、高峰さんの眉一つ動かさぬ表情が見えるようだった。

「生誕百年だろうと五十年だろうと、私には関係ない」

冷たい声だった。だがこれも想定内だ。こんなことで引き下がるものか。

「いろんな女優さんが成瀬監督について語ってますが、成瀬巳喜男という優れた映画監督を誰よりも理解しているのは高峰秀子じゃないですか。死んでいるならともかく、高峰秀子はその肉体同様、知力も記憶力も極めて健在です。その高峰秀子が語らずして、何の生誕百年かッ。高峰秀子が語ってこそ意義がある！」

と、高峰さんが間髪を容れず、言った。

「何の意義が？」

な、何の……。虚を衝かれた思いがしたが、それでもすぐに反駁した。

「もちろん日本映画史にとってのですよ。いくら成瀬巳喜男が名匠でも、高峰秀子がいなければ、『浮雲』も『乱れる』も『女が階段を上る時』も生まれてない。高峰秀子は生きる映画史ですよッ」

怒ったように、私は言った。

すると、高峰さんが言ったのだ。

「興味ない」

――。この時に私が受けた奇異な感じを、どう説明すればいいだろう。私は全身の力が抜けた。そして取材者から素の自分に戻り、思わずため息交じりに言ってしまった。

「かあちゃんは本当に変わった人だね」

「そうぉ?」

高峰さんはケロリとしている。

「今までも変わった人だとは思ってたけど、今改めてつくづくそう思うよ。『面倒臭い』は私にもわかる。かあちゃんを理解してるつもりですから。でも、『興味ない』って……。私だけじゃなく、その心境は恐らく誰にも理解できないと思うよ」

「そうかね」

高峰さんは愉快そうでさえある。

「いいですか、高峰秀子が残した仕事は日本映画界の宝ですよ。その五十年の輝かしい

結婚して5、6年経った頃。自宅近くの小路を散歩する夫妻。

業績に対して『興味ない』って……」

　殆ど、独り言になっていた。

　その時、高峰さんが言ったのだ。

「成瀬さんが（その仕事を）いいと思って、私もいいと思った。それでいいんだよ」

　私は絶句した。この人は何という人か――。私は突然、電話口で土下座したいような衝動にかられた。高峰秀子が大切にしているものを泥手で触ろうとしてしまったような申し訳なさで一杯になったのだ。もうこれ以上私などが何か言ってはいけない。これが全てだ。

　高峰さんは続けた。

「成瀬さんと私の間には誰も立ち入ることができない。成瀬さんと私にしかわからない……変な意味じゃなくてね。だから成瀬さんが死んだ時、あぁ、私も終わった、私という女優が終わったと思った」

　私は気圧（けお）されたように、ただ聞いていた。高峰秀子の、その少し錆びたような老いた声とあまりに静かな語り口を、自分の耳で受け止めるのが精一杯だった。

　ようやく我に返って、私は言った。

「成瀬さんへの最大の賛辞だね」

「そうだね」

高峰さんは静かに答えた。

そして、次に高峰さんが言った言葉がきっかけで、インタビューは実現したのだ。

「ホラ、もう書けるじゃないか」

これはその二十分ほどの電話の中で、高峰秀子が見せた唯一の隙だった。

私はそれを逃さずに、言った。

「私の書くものなどに価値はないッ。私が百万の言葉を弄して高峰秀子の発言を伝えても、高峰秀子自身の『うん』『そう』の肉声の前には、無に等しいょ」

高峰さんは、一瞬黙った。

そして言ったのだ。

「何が聞きたいの？」

私は、高峰秀子の〝親心〟につけこんだのだ。過去の仕事について語ることなど真っ平だが、しかし私が記事を書くために協力はしてやりたいという、高峰さんの親切に、決して謀ったわけではないが、結果的につけこんでしまった。そうまでして実現させた「高峰秀子独占ロングインタビュー　成瀬巳喜男を語る」は、今でも価値のある記事だと自負している。だが、同時に、高峰秀子の侵すべからざる精神性に踏み入ってしまったことに、深い慙愧の念を抱いているのも事実だ。

この高峰秀子の〝精神性〟。そこに、私が彼女に感じる「どうでもいい」の根源があるのだ。「興味ない」「成瀬さんがいいと思って、私もいいと思った。それでいいんだよ」。この二つに全ての鍵がある。

普通の女優ならどうかと考えれば、わかる。自分がコンビを組んだ名匠が生誕して百年を迎え、しかも共に生み出した作品は日本映画史に残る名作ばかりだ。その名匠について語れと言われて、語らない、取材を固辞する女優がいるだろうか。その人と自分だけが十全を尽くした、悔いのない仕事をしたと暗黙のうちに了解していれば、それだけでいい、他人に語る必要などない。そんな精神の持ち主がいるだろうか。

人は誰しも〝認められたい〟と思うものだ。勤め人なら「できるヤツ」と言われたい、給料を上げて欲しい、上の地位に行きたい……。女優なら、きれいと言われたい、大女優と言われたい、褒められたい、賞が欲しい、果ては勲章が欲しい……。

これらは〝欲〟だ。そして言ってみれば、人間は欲の塊だ。日常でも大なり小なり何らかの欲望のベクトルを発している。例えば雑談している時でも、「あぁ、この人は私にこう思って欲しいんだな」と感じるし、相手もこちらに同じようなことを感じているだろう。人は、たとえそれが無意識であっても、他者に「こう思ってほしい」と求めるものだ。悪いことではない。自分という人間像をある形で相手に伝えたいと思うのは、人間の本能だと思えるからだ。そして欲望は、生きる上での意欲にもなり得る。だが見苦しいのは、それが〝過ぎた〟時だ。曰く〝欲望は、海の水と同じで、飲めば飲むほど喉が渇く〟。

私が高峰さんを見ていて、「もしかしたら、この人にはあらゆることがどうでもいいのではないか」と感じる理由。それは、いまだかつて高峰秀子という人の中に、私は〝欲望〟というものを見たことがないからなのだ。

彼女には、人にどう思われたって構わない、という姿勢がある。相手に自分の意思が伝わるまいが、誤解されようが、知ったことかという姿勢。だから決して自分から人に近づかないし、話をしても、必要最小限度の言葉しか発しない。懇切丁寧に心情を説明するなどということは一切ない。つまり他者との相互理解を望んでいないのだ。これでは人間関係が成り立たないではないか。だが、どっこい、そうではないのだ。そのことはまた別の章で述べるとして、つまり高峰秀子は、人間生活の根本とも言える対人関係においてさえ、何も求めない。そして、自身の五十年に及ぶ、日本映画史に燦然と輝くと誰もが認める業績にすら、あろうことか「興味ない」と吐く。

彼女が発したこの「興味ない」という言葉は、それこそ非常に興味深い。国語的に考えれば、明らかに彼女は自分自身を〝他者〟として捉えていることがわかるからだ。言い換えれば、「自分に対して興味がない」と言っているのと同じなのだ。これは女優として、あり得ない精神構造だ。極端な言い方をすれば、女優というのは常に「私ってきれい?」「私って上手い?」「私って凄い?」……その殆どが自己への興味に埋没しているし、またそうなっても致しかたない職業だからだ。

私は、高峰秀子の「興味ない」に危惧を覚える。それは、欲望の欠如を通り越した、自己への慈しみのなさ、自己への労りのなさ、自己への愛情の欠落さえ感じさせるからだ。

高峰秀子の中に棲むのは、もう一人の自分。それも、極めて厳しく、冷たく、自己を見つめている、もう一人の自分なのだ。この恐るべき究極の客観性を、彼女は決して手放すことがない。


二〇〇七年元旦、快晴。麻布・松山邸。

門松も飾り餅もなく、松山家は、常と変わらず。夫妻も普段着だ。

毎年のことだから別に不審でも何でもなかったが、改めて高峰さんに聞いてみた。

――どうしてこのうちは門松を立てたり、おせち料理を作ったりしないんですか?

「必要ないから」

――必要ないとは?

「うちは誕生日だとか何とか、そういうことを別に大事だと思ってないからね」

――じゃ、どうしてお雑煮だけは作るの?

美味い雑煮をパクつきながら、私は聞く。

「人が（餅を）送ってくれるから」

まぁ簡潔な答え。

それにしても美味い。焼いた餅に鶏肉と水菜。家庭で搗いた餅だから、濃くて弾力があり、まさに米の塊という感じだ。そして何より、高峰さん秘伝のだし汁が抜群に美味い。

――ところで、これまでに自分から求めたものは、何ですか？

「結婚」

――他には？

「ない」

やっぱり。

「仕事でも、こういう役が演りたいとか、こういうもの（作品）に出たいと思ったことは、一遍もありません」

そんな、威張らなくても……。松山氏も雑煮を食べながら、笑っている。

「ただ、今いるこの家ね。大きい家をちっちゃくしたいということは二人で考えたんだけど、私もそうしたいと思った。女優をやめた時、小さい家に建て替えたいって切実に思った。人生の一大整理をしたいと思った時、一番大きなことが、家を建て替えることだった」

――それと、前から感じてたんですが、かあちゃんには、もしかしたらあらゆることがどうでもいいんじゃないかと。

「そうです。ツボさえ押さえとけば、他のことはいいカラカンでいいんだよ。例えば、このお雑煮。私はお餅が苦手だけど、お餅の好きなとうちゃんが喜ぶだろうと思って作ったの。これも小さなツボかもネ」

そして高峰さんは、箸に粘りつく餅を持て余したようにこねくり回しながら、呟いた。

「こんな、人が嚙んだあとみたいなもん」

二

今さら言うまでもなく、女優・高峰秀子が日本映画界に果たした貢献はあまりにも大きく、残した仕事は、その質においても、また量においても、比類がない。その名は、永遠に日本映画史に刻まれ、輝き続けることだろう。普通、これだけの実績があれば、得意のあまりそっくり返って後ろに倒れたって誰も責めはしない。だが前回述べたように、高峰さんは、自身のその輝かしい業績に対して、「興味ない」と言う。

彼女のこの反応の中には、もはや潔さや立派などという範疇とは違う、別の要素がある。

例えば、高峰さんが十二歳の時に思ったこと。

「自分の中から女優というものを取ってしまったら何もないというような人間にはなりたくない」

そして数年前、私に言った言葉。

「映画の中の高峰秀子は、私とは別の人です」

これらの言葉からわかることは、やはり高峰秀子の客観性、怖いほど〝冷めた目〟である。そしてこれこそが、究極の理性であり、知性ではないかと私は思う。

だからこそ、彼女は何事も見誤らない。その価値観が絶対にブレないのだ。もちろん生まれながらに聡明だったという幸運もあるだろう。だがそれだけでは、こうはいかない。自分でも言っていたが、高峰さんは常に緊張しているそうだ。特に台所に立っている時は火を使うから油断しないと。その証拠に、私は一度も、高峰さんが欠伸(あくび)をしたのを見たことがない。そしてダラけた姿勢をしているところも見たことがない。喩えるなら、彼女の心の中には、常に真っ直ぐな一本の棒がピンッと立っているような感じがする。疲れないかと問うと、「性分です」と言った。性分とは先天的資質プラス、後天的な要素が作り出していくものだ。日々の生活の中で少しずつ培われていくものなのだ。

自分から望んだわけでもないのに、気がついたら天才子役と呼ばれていて、次に気がついたら人気少女スターになっていた。大金を稼ぎ、人に名前と顔を知られ、人々が自分をチヤホヤしてもてはやす……。並の人間はここで有頂天になる。そして勘違いする。「私は特別よ」と。そこに理性や知性はない。

高峰秀子の凄さは、華やかな映画界で、普通の人間が体験したこともない〝下にも置かぬ扱い〟を受けながら、全く幻惑されなかったことである。むしろ周囲がお世辞を言えば言うほど、チヤホヤすればするほど、彼女の心は冷めていった。子役時代、出番になった彼女を助監督が愛想笑いを浮かべて、「秀ちゃん」「秀坊」などと猫なで声で控室に呼びにくると、いつも思っていたそうだ、「ふん、何を言やぁがる。私が金を稼ぐからそんなおべっかを使うんだろう」と。

秀坊、恐るべしである。

そして十二歳の時には既に、先のような、明確な自身の方針が決まっていたのである。

だが哀しいことに、このことにも、やはり彼女の養母の存在が大きく関わっている。もしも養母が慈愛に溢れた聡明な女性なら、ここまで高峰秀子は孤独な闘いをしなくてもよかっただろう。あるいは肉親の中に一人でも心を許すに足る人間がいたら。だが高峰秀子の生きた現実は、あまりに過酷だった。学校にも行けず、十数人の親族を養うために、好きでない職業を続ける毎日。その中で彼女は、人間という生き物をまざまざと見るのだ。欲望に憑かれた人間の醜さ、虚栄心を満たそうとする人間の愚かさ、金に踊らされる人間の浅ましさ……。彼女の周囲には、養母を初め、イヤな言葉だが、彼女を〝食い物〟にしようとする人間が山のようにいた。

それら人間の姿を黙ってじっと見据えながら、彼女はハッキリと知ったのだ。金や名誉がいかに空しいものか。そして人間にとって本当に大切なものは何か。

私が彼女の中に欲望というものを一度も見たことがないのは、そのせいだ。

高峰さんが、多くの女優が後生大事にする自身の業績に対して、いとも簡単に「興味ない」と言ったのは、言い換えれば、「それは私にとって大事なものではない」ということと同じなのではないだろうか。

人は興味があるから欲望が湧く。金も名誉も、興味がなければ、それを欲しいとは思わないはずだ。いわば、興味と欲望とは、車の両輪のように離れ難く、それだけによほど心しないと、暴走する。

私は身近で高峰さんを見ていると、日々多くのことを感じるのだが、その一つが、金や名誉というものはあくまで物事の〝結果〟でしかないということなのだ。成し得た仕事の水準が高く、それが相応に評価されれば、自然とそれに見合う報酬が与えられ、栄誉によって称えられる。もっとも彼女の場合は、今の額にして年に億という金を稼ぎ続けたにもかかわらず、その大半が養母によって吸い上げられたため、結婚する時、彼女

結婚して数年後、楽しげに夕食をとる夫妻。

には貯金が六万五千円しかなかった。そして夫妻で合わせて百本を超える映画賞のトロフィーは、こともあろうに、捨ててしまった。

彼女曰く、

「あんなもの、いつまでもとっておいてどうするんです。重みで床がしなってきちゃった」

あんなもの——。

多くの役者は、その「あんなもの」を、来客の一番目につく所に陳列している。

そう言えば、十数年前、初めて高峰さんに会った時、既に彼女は似たようなフレーズを口にしている。

その時、私は非常に緊張していたにもかかわらず、取材とは関係のないことまで聞いた。

「結婚する時、高峰さんは大スターで、松山先生は貧乏な助監督だったんですよね。もっと自分に見合う人というふうには思わなかったんですか？」

思えばずいぶん失礼な言い方をしたものだ。

「見合う人だと思ったから結婚したんですよ」

心外だという感じで、高峰さんは答えた。

「いえ、人柄とかそういう意味じゃなく、財産とか地位とか名誉とか……」

と、高峰さんがサラリと言ったのだ。

「そんなものが何だって言うんです。人柄さえ良ければいいのよ」

なおも私が「でも、いい人って、特に芸能界では損することが多いですよね」と言うと、なるほどという顔になって、「そうね。そう言えば、うちの亭主も割を食ってることが多いかもしれない」と。この時、私は、高峰さんていい人だなと思った。初めて会った、どこの馬の骨ともわからぬペエペエの記者の言い分に、合点してくれたのだ。

そして私の中に強く残った言葉。

そんなものが何だって言うんです――。

高峰秀子にとって、金や名誉は「あんなもの」であり、「そんなもの」でしかないのだ。豪邸を建てるために金をつぎ込む有名人は山のようにいるが、家を小さくするために莫大な費用をかけた有名人は、世の中広しと言えど、高峰秀子だけだろう。夫君が同じ価値観だからできたことだ。違っていたら、大もめにもめているところだ。何しろ九部屋もある教会建築の上等な豪邸をぶっ壊したのだから。もったいない……。だがその豪邸は女優業をする上で、打ち合わせや撮影に必要な、いわば、彼女にとって〝仕事の道具〟だっただけで、念願の女優引退を果たしたからには、もはや必要のないものだったのだ。お手伝いさんには解散してもらい――このことは重要かつ面白いのでまた後日書くが――調度品も衣装も、必要な物だけ残して一切処分した。いわんやトロフィーをや、である。

では、一体、高峰秀子が興味を持って大事にするもの、求めるものとは何なのか——。

面白い話がある。かつて夫妻で世界各地を旅していた時、二人はエジプトにも行った。当然、ピラミッドを見に行く。しかるべき人物が二人を車に乗せ、クフ王のピラミッドを初めとするあの巨大モニュメントが聳える砂漠に案内した。夫の松山善三氏は、車を飛び降りるや、「ワーッ、ワー」と感激して、三十分あまりその周囲を見て歩いた。

高峰さんはどうしたか。

「車のドアを開けたら、ラクダのウンチの匂いがしたから、ポンと閉めちゃって、車の中で煙草吸ってました」

おいおい、世界に冠たるピラミッドを……。

彼女に言わせると、

「真っ赤な夕日を見たって、『フン、赤いや』と思うだけだし、海がありゃ、『海、ああ青いね』と思うだけだから、ギザのピラミッドを見たって、世の中広いんだから、こんなデカいお墓ぐらいあったって当たり前じゃないかって思う」

ハワイの家に二カ月余りいる間も、最初の二、三年こそビショップミュージアムなど博物館や美術館を見て歩いたものの、あとの数十年はビーチにさえ行かない。澄んだ空気、コバルトブルーの海、白い砂、鳥のさえずり、涼しげな木陰……アラモアナ公園を眼前にした絶好のロケーションに家があるというのに、彼女ときたら、ただひたすら居間のソファで本を読んでいるのだ。つまり東京の家にいる時となんら変わらない生活。テレビも見ず、音楽も聴かず、人に電話もせず……。

だがそんな高峰秀子にも、興味のあることがある。それは……。

二月某日。晴れ。麻布・松山邸。

私はいつものように、松山家へ夕食のご相伴に与りに行った。

まもなく食事が始まろうという時、席についた松山氏が、着ているシャツの袖を満足げになでながら言った。

「いい色になったねぇ」

ん？　何のことかと私は思った。氏はコールテンのズボンの上にブルーのダンガリーシャツを着ている。

「かあちゃんが染めたんだよ。インクで」

氏がニコニコして言う。

「インクぅ？」

私が驚いていると、台所から戻ってきた高峰さんが言った。

「ペリカンのインク。ロイヤルブルー」

「夕べ染めたんだよね、秀さんが」

と、松山氏。

「そ。バケツの水にインクを溶かして、それに一晩浸けておくの。それで乾いたら、アイロンをかけるんだよ」

菜の花のおひたしが入った大きな朱塗りの片口をテーブルの中央に置きながら、高峰さんが言った。

「洗濯してるうちに白けるでしょ。だから染めたの」

高峰さんは楽しそうだ。

まるで新品のシャツのように、くっきりといいブルーに仕上がっている。

それで私は思い出した。以前にも、松山氏がとてもきれいな空色のセーターを着ているから、「いい色だね」と私が言うと、それも高峰さんがインクで染めたのだった。クリーニングに出しているうちに白のカシミヤが黄ばんできたからと言って。

半年ほど前には、こんなこともあった。

台所の流しで夕飯に使うほうれん草を洗っている高峰さんの側で、例によって用もないのに私がウロウロしていると、「あんた、そのうち、水切りを買ってきてくれない？たぶん東急ハンズに行けばあると思うから」と言う。見れば、流しの横に置いてあるステンレス製の水切りは、別に傷んでもいない。高峰さんは食器洗い機を使った後すぐさま食器を棚にしまうので、洗った食器を山のように水切りに伏せておくことなどしないが、例えばコップを一つだけ使ったような時には、やはり必要だ。「これ、捨てちゃうの？」と聞くと、「うん。もう古くなって、いくら洗ってもステンレスの繋ぎ目の所の細かい汚れが取れないの。こすりすぎて白っぽくなっちゃった」。そうかなぁ……。近くに寄って改めて見てみると、なるほど隅っこがほんの少しだが汚れている。が、それは、あくまで仔細に見てみればの話だ。普通の主婦ならこのまま使うだろう。いや、明らかに汚い水切りだって、そのまま使っている人はいる。しかし、清潔好きな高峰さんはイヤなのである。さっそく私が、渋谷の東急ハンズで高峰さんの気に入りそうなシンプルなものを買ってきたのは言うまでもない。

つまり、これこそが高峰秀子にとって重要なことなのだ。映画賞を貰うことでも、目の色変えて金を稼ぐことでも、日本映画史に名を残すことでもなく、ただ、日々の暮しを自分流に快適に過ごすこと。

殊に、前回聞いたように、自ら求めたものは「結婚だけ」だから、自身の快適さもさることながら、夫君の松山氏がいかに心地よく毎日を送れるかに腐心する。

以前、高峰さんが電話で信じ難いことを言ったことがある。

「ラーメンを鍋から直接食べようとしたら、唇、火傷しそうになっちゃった」

高峰秀子がラーメンを鍋から……。私はびっくりして詳細を聞くと、松山氏が仕事で朝早くから出かけ、昼食は高峰さん一人だったそうだ。それで面倒臭いから、ラーメンを作って、椀に移さず、鍋から直接食べようとしたというのだ。

驚いている私に、高峰さんは言った。

「私は本来ものぐさなの。だから、とうちゃんがいなければ、食器なんて使わないで、紙のお皿とコップで済ませると思うよ」

菜の花のおひたしが、朱塗りの片口の中で鮮やかな緑色をして、嬉しそうにたっぷりの汁に浸っている。

「美味しいよ」

松山氏の言葉に、高峰さんはこの上もなく幸せそうな微笑を浮かべた。

期待しない

高峰秀子という人は、つくづくと不思議な人だ。

大女優なのに、虚栄、高慢、自己顕示、自惚れ……これら女優の〝職業的必要悪〟を全くと言っていいほど持っていない。だがそのようなことは、高峰秀子の随筆の一つでも読めばすぐにわかることであり、今さら驚くことでも不思議がることでもない。第一、それらの要素が大嫌いだからこそ、彼女は女優という職業を最後まで好きになれなかったのだし、五十年間女優を続けながらも、彼女の恐ろしく冷めた客観性が、そのような愚かな要素を自分の中に受け入れることを許さず、常に嫌悪し排除し続けてきたのである。

私が高峰さんと接すれば接するほど、不思議で仕方がないと思えるのは、女優として云々の範囲ではなく、人としての問題なのだ。一言で言えば、高峰さんは、人間としての〝働きかけ〟が、極端に乏しい。

前回、前々回で述べた「求めない」という要素を、社会や世間に対してでなく、対人間に限定して考えてみると、わかりやすい。

普通、人間というのは、他者との関わりの中で自分自身を認識し、確認していくものだ。自らの感情や思いから発した言葉なり行いが、まず他者にぶつかり、次に、それを受け止めた他者が何らかの反応をする。その反応を今度は、言動を発した本人が見て感じて、自身の発露したものがどのようなものであったかを認識し、自分という人間の内容を知るのだ。毎日がそんなことの連続で、その積み重ねで人生は過ぎていくと言ってもいい。

ところが、高峰さんは違う。

好きで就いた職業ではないにしろ、女優という商売をしていれば、必然的に大勢の人間と接しざるを得ず、その数は我々一般の人間とは比べ物にならないほど多いはずだ。

そこで、私は、はたと思った。

もしかしたら、高峰秀子という人は、数え切れないほどの人間に囲まれ、出会いながら、その精神は、山の中で一人で暮らしている心持ちとそう違っていないのではないか、と。

急にそのことを本人に確かめたくなって電話してみた。夕方六時半、もしかしたら、もうベッドに入っているかもしれない。松山夫妻は毎日、夜七時には床につくから。

電話のコールが十回になった。やはり寝てしまったのか……。

「はい」

高峰さんが出た。松山氏はシャワーをとっているのだろう。

――ごめんなさい。もう寝てた？

「そろそろね。何？」

――突然、変なことを聞くようですけど、もしかして、かあちゃんは、山の中で一人で暮らしていても平気かな？

「うん、そうね」

躊躇なく肯定した。

「寂しいとか、全然思わないと思うよ」

こういう時、何のためにそんなことを聞くのかなどと言わないところが、いかにも高峰さんらしい。

――一人で山の中にいて、かあちゃんは何をしてるだろう？

「そんなことわからないよ」

そりゃ、そうだ。

――雨露をしのげる場所さえあれば、その辺の食べられる草なんか摘んできて、何の痛痒も感じず生活してるのかな？

「そうでしょうね。別に欲しい物もないし」

――とうちゃんがいなくても？

「うん。いなきゃいないで仕方ない」

――でも、いるに越したことはないいね？

「もちろん、そうよ」

――わかった。

「じゃ、またね」

――ありがとうございました。おやすみなさい。

妙な電話をしてしまったが、やはり、思った通りだった。

高峰さんは他者との関わりが極めて希薄なのだ。というより殆ど他者と関わることを望んでいない。それどころか、拒絶しているところさえある。これは、人間として、かなり変わっている。

翌日、今度は松山氏に電話して、私の考えを述べてみた。

「かあちゃんは山の中で一人でいても平気だと言ったろう」

氏はこともなげに妻の答えを言い当てた。

「そういう人なんだよ、彼女は。期待してないんだ。どこか絶望的なところがある」

まるでそれでいいんだと言わんばかりに、氏は納得していた。

だが私など凡庸な人間には、にわかには納得し難い。他者との関わりを求めず、山の中で誰とも口をきかず、朝から晩までたった一人で暮らしても平気とは……。それじゃ、まるで世捨て人ではないか。世捨て人……。そうなのだ、高峰秀子には世捨て人のような要素があるのだ。

針仕事も得意な高峰さん。
友人の米国人がPX（進駐軍専用の店）で購入してくれたミシンで。

以前、私が仕事上の人間関係のことでグチグチ泣き言を並べた時、高峰さんがこんなことを言った。

「あんたが思うほど、人はあんたのことなんか気にしてないよ」

これは七、八年前に聞いた言葉なのだが、なぜか日を追うごとに私の中に蘇るようになった。

人は相手に対してそう深い考えがあって何か言っているわけではないから、人の言うことなど気にするな、という風に当時は解釈していたが、この頃、そこにはもっと深い、高峰秀子の根本的なものの考え方が含まれているのではないかと思えるようになったのだ。

それが、まさに松山氏が言った「絶望的」「期待していない」である。

人とはこういうものだとか、こちらがこう言えば、行えば、相手はこのように受け取るはずだとか、我々は大概、意識的にも無意識的にも、あらかじめ予想した結果を抱いて、他人と接触している。だから、予想もしなかった反応が相手から返ってくると、「こんなはずじゃなかった」と驚く。そして、「こんなに信頼していたのに」「あれほど良くしてやったのに」という、失望や怒りや不満の言葉となる。つまり愚痴である。

人は寄ると触ると、愚痴の山だ。「これほど優秀な俺をなぜ人は認めない」「なぜ俺よりあいつのほうが給料が高いのだ」「私よりどうしてあんな女を選ぶの？　信じられない」「あの人ったら、こんなこと言うのよ、ひどいと思わない?」……。こんな類の言葉を吐いた経験は誰にでもあるはずだ。同僚と昼ご飯を食べながら、友人と酒を飲みながら、家族と夕飯をとりながら。あるいは日記をつけながら。つまり人とは、それほど他者に〝期待する〟動物なのだ。私もその筆頭だ。だからいつも松山氏に注意されている。「愚痴は見苦しいよ」と。

私は、高峰さんが愚痴の類を口にしたのを、ただの一度も聞いたことがない。彼女には、端から愚痴の種になる〝期待〟そのものが、ないのだ。

ならば、他者を無視しているのか、全く関心を抱いていないのかと言えば、そうではない。

高峰さんの『わたしの渡世日記』下巻、「勲章」の章にこんなくだりがある。

〈「あの重ちゃんは、もういない……」

本堂では最後のお別れが終わったらしく、棺のフタがカツン! カツン! と釘づけにされる音が響いていた。私は両手で耳を塞いだ。

(略)私の涙は自分でもビックリするほど、とめどもなく溢れた。(略)

いま、こうして重ちゃんの想い出を綴っていても、私の胸は、重ちゃんを失った口惜しさと悲しさでいっぱいだ。なぜ、こんなにも重ちゃんが懐かしく、重ちゃんとの別れが辛いのか、私にはわからない。それはたぶん、仕事仲間の中でも、彼が直接、私の顔に指を触れた、という特別の人だったからかも知れない……。重ちゃんは仕事に夢中になると、ベロッとなめた指先で私のハナの頭をこすったり、自分の唾で面相筆についた墨を薄めては私の眉毛を描いた。（略）

「俳優として読むべき本は？」と聞いた私に、「『風姿花伝』ダナ」とすすめてくれたのも重ちゃんだった。

重ちゃんが乗った霊柩車を見送ってから幾日か経ったある日の朝刊に、おめでたい秋の叙勲の記事が出ていた。勲章を受けた人々の名前がビッシリと並び、叙勲者の喜びの言葉が、笑顔の写真がのっていた。私の脳裏に、また重ちゃんの血色のいい丸顔が浮かんだ。

「重ちゃんの名前は無い……。重ちゃんこそ、とびきり上等な勲章にふさわしい人だったのに……」

しかし、もし重ちゃんが勲章を貰うことになったとしたら、重ちゃんはたぶん、ニタッと笑ってこう言ったに違いない。

「オレ、勲章なんてもン、要らんなァ……」

「そうね。少しヘソ曲がりでテレ屋の重ちゃんは、きっと勲章なんか要らないってゴテたかもしれないね。だってさ、重ちゃん自身が、日本映画界が誇る立派な勲章そのものだったもの……。勲章が勲章を貰っちゃヘンだよね」

でも、本当のことを言うと、私はやっぱり、重ちゃんが、ムクれたような、困ったような顔をして勲章を貰う姿が見たかった〉

私は、この随筆が好きだ。ここには、高峰秀子の価値観が如実に表れている。そして、彼女が他者の〝何〟を見ているかが、わかる。

高峰さんによれば、この重ちゃんという人は、いつもズボンの後ろポケットに台本を丸めて挿して、仕事をしていたそうだ。「台本を読んで、ちゃんとその役を理解してから、メイキャップをしてたんだと思うよ」と、高峰さんは言った。そういうことがわかる女優がどれだけいるだろう。

木下惠介監督の『笛吹川』の仕事が来た時、高峰さんは「重ちゃんがメイキャップをしてくれるなら」という条件で受けたそうだ。そして東宝に所属する重ちゃんは松竹に招かれ、映画を観た者に「高峰さんが出ていない」と言わせたほど、三十六歳の高峰秀子を立派な八十五歳の老婆に変身させたのである。

小林重雄というメイキャップマンの名を映画ファンは知らない。だが彼は、誰に名を知られなくても、正真正銘の見事な職人だった。「重ちゃんはね、黒澤（明）さんが連れてっちゃったの。黒澤プロを作った時に」。黒澤監督に引き抜かれるほど、そして高峰秀子がこれほどの文章を寄せるほどの。

高峰秀子という人は、世捨て人ではないかと思うほど、他者に関わろうとせず、ましてや他者に期待するなどという虫のいい精神も持ち合わせていない。だが、本当の意味で人間を〝認める〟人だと、私は思う。

高峰秀子が求め期待するのは、自分自身に対してだけである。

「小さい時から仕事をしてきた責任感みたいなものはあった。それは自分の生き方にも責任を持つということと同じですよ」

我々は、果たしてどれだけ、自分の生き方に責任を持っているだろう。

三月三日、晴れのち曇り。麻布・松山邸。

今夜は、奈良に住む高峰さんのファンNさんが季節ごとに送ってくださる柿の葉寿司。松山家のために送ってくださるNさんには申し訳ないが、私はもうこのお寿司を心待ちにするようになってしまった。

――人に期待しないのは生まれつきですか？　それとも……。

「だんだん人を見てきてからだね。人は人、自分は自分と思ってる。やっぱりこれもデブ（養母）のことが影響してるね」

――人に期待しないなんて、ちょっと寂しいことだと思ったことは？

「ない。毎日、毎日、撮影所で仕事してたから、そんなこと考える暇もなかった」

――ただ寝て、食べて、仕事するだけだったんですか？

「そう」

――親類十何人が死のうが生きようが関係ない、私は好きにする、と思って、家をおん出てやるなんて思ったことは？

「おん出て一人でどうするの？　十三、十四で」

そうだった。高峰さんは子供の時から大人を養っていたのだ。

――じゃ、とうちゃんと結婚するまでは〝仕方のない人生〟だったの？

「そうです」

――結婚した時、とうちゃんがちゃんとした脚本家になれると思ってましたか？

「思ってない。全然ダメかもしれないしね。なるようにしかならない。♪ケーセラ、セラ、なるようになる〜♪」

高峰さんは楽しげに歌いながら台所に行ってしまった。どうやら、私の大好物の卵焼きを作ってくれるようだ。

静かな部屋の飾り棚の上で、朱塗りの椀の蓋にちょこんと並べられた三センチほどの小さな男雛と女雛が、高峰さんの歌に合わせて、微笑んでいるように見えた。

縮小する前の自宅３階、
物置として使っていた部屋の窓から。
２人合わせて150本を超えるトロフィーは
ここに置かれていたという。

振り返らない

一

三月某日、晴れ、銀座。

四十代の男と三十代の女、そして五十代の女は、三人とも目を泣き腫らし、互いの顔を見て見ぬふりをしながら、映画館の外に出た。

高峰秀子主演『二十四の瞳』、デジタルリマスター版を観たのだ。

四十代の男と三十代の女は『婦人画報』編集者、そして五十代の女は私である。この映画が公開された昭和二十九年、三人はまだ生まれていない。だが映画は間違いなく、三人の心を根底から揺さぶり、体中の涙を絞り取った。

「いやぁ、僕は男なのに……」、四十代の男が照れたように眼鏡の下の真っ赤な目をしばたたかせながら口を開いたのをきっかけに、私達は堰を切ったように、それぞれの感想を、歩きながら、興奮気味に語り出したのだ。


凄い映画だった。何が凄いと言って、とにかく〝力〟があるのだ。かつてテレビなど足元にも及ばなかった、映画の持つ力。それは、監督、出演者、スタッフ、それら数多（あまた）の人々が英知と気概を結集した、まさに〝プロの自負〟を思わせる、圧倒的な力だった。その力が画面の隅々まで行き届き、これぞ日本映画だ、と言わんばかりの光に満ちていた。
私は、いや、私達三人は、そして観客の全てが、ストーリーが進むにつれてその力に圧倒され、座席に押し付けられたように微動だにしなくなり、しわぶき一つ聞こえず、やがてすすり泣きがそこここから漏れ始めたのだ。
最初は私にも多少の余裕があった。だから高峰秀子扮する大石先生が自転車に乗って颯爽と登場した時、「本当はかあちゃんは自転車に乗れなかったんだよね。とうちゃん（松山善三氏）が言っていた、『自転車に跨った彼女を僕ら助監督が押して、その勢いで走り始める。でも彼女は自分では自転車を止めることができないから、僕らが待ち構えている中に突っ込んできて、止めたんだ』と」。そんなことが頭をかすめた。だがそのうち、撮影秘話や、この撮影中に松山氏と高峰さんが交際を始めたなどということもすっかり忘れ、というよりそんなことなど考える余裕さえ失うほど、全身が物語に吸い込まれ、文字通り没我の状態でスクリーンに釘付けになったのだ。
日本人とは何と美しい民族だったのか。この映画を観た時ほど、そう感じたことはない。例えばシーン152　バスの停留所
〈バスが走ってくる
磯吉「なっがながお世話になりました　そんなら　ご機嫌　よろしゅ」
大石先生「元気でね」

竹一「さようなら」
大石先生「さようなら　元気でね」
　二人バスに乗り込む　走り出す窓から
　新しい学帽と鳥打帽を振っている二人
　手を振って見送ってゐる大石先生〉

『二十四の瞳』完成台本より

教え子だった二人の男の子が小学校卒業後の進路が決まり、そのことを大石先生に報告にきて帰る場面。竹一は中学に、磯吉は高等科へ行くのをやめて質屋の小僧になるのだ。

この磯吉の台詞。「ながながお世話になりました　そんなら　ご機嫌　よろしゅ」。十二歳の子供である。かつて日本人は、子供さえこんな言葉遣いをしていたのである。そして、全編を覆い尽くす小豆島の美しい風景。海、山、空、風、木々……。この風景の撮り方を見ただけでも、木下恵介という監督の研ぎ澄まされた感性が窺える。そして何よりも、人の心。貧しさや病、死、辛さや悲しさという、いわば負の状況を、かつての日本人はどのように捉え、どのように生き抜いたか。大石久子という女性にその心情の全てが凝縮され、それをまた、女優・高峰秀子が、あまりにも見事に表現し切っている。失われた言葉、失われた風景、そして失われた人間の心。私は、何が悲しいと言って、

高峰さん曰く、「善三さんの髪もフサフサしてるし、
私も古い着物を着てるから、結婚して５、６年かな。
何か、善三さんの映画の資料をふたりして観てるんだと思う」

ストーリーが持つ悲しさもさることながら、それら失われた、恐らくもう二度とこの国が取り戻すことのできない〝美しさ〟が、身を切られるほど悲しかった。

翌日、その感動を松山夫妻に電話して伝えたところ――。

松山氏「……そう。……ふん、ふん」

高峰さん「あ、そう。……うん。……うん」

全くと言って興味を示さなかった。

昨日の感動と目の腫れが残っている私は、予測はしていたが、やはりこの夫妻の反応に拍子抜けした。

だが少しも心を動かさなかった代わりに、高峰さんは電話口でこんなことを言った。

「あの結核に罹って泣いてたコトエちゃんね、あのコ、最初に出てきた小さい頃のコトエちゃんにそっくりだろ？　あれは大船撮影所の経理のコなのよ」

「え⁉」

私は悲しさが吹っ飛んだ。

「そうなの？」

「うん。あんまり小さいコトエちゃんにそっくりだから、木下さんが経理から連れてきたの」

へぇー。初めて聞いた。

四月某日、午後、晴れ。麻布・松山邸。

数十本の見事なフリージアの花が、大きなカットグラスの花瓶に生けられ、飾り棚の上で黄色く咲き誇っている。女優時代、長く結髪を担当してくれた女性が、毎年、今でも高峰さんの誕生日に持参してくれるのだ。

——今回のテーマは「振り返らない」です。答えはわかっているようなものですが、なぜかあちゃんは過去を振り返らないいんですか？

「そういう性格だから」

——チャンチャンで、話終わりだね（笑）。

「ホラ、例えばこうやって（木下惠介作品ＤＶＤボックスなどを）送ってきても、ポンってあんたにあげちゃうでしょ？　あそこ（納戸）にあんなに（方々から送られた自身の出演作のビデオやＤＶＤが）あっても観ようとしない」

——それはなぜ？

「観たくないから。簡単じゃないの」

——でもこの間、珍しく三人で『春の戯れ』のビデオを観ましたよね？

「あれはね、どんな映画だったかすっかり忘れてたから。それにあなたが持ってきたしね」

——撮影以来一度も観てないの、あの映画？

「観てない。忙しかったし、出来た頃にはすぐ別の映画の撮影に入ったから」

——じゃ、約六十年ぶりに観た？

「そう。だから観てビックリした。へぇー、こんなストーリーだったのかと思って」

「秀さんが忘れないのは『浮雲』と『二十四の瞳』だけだよね？」

松山氏が言った。

「うん」

頷く高峰さん。

事実、高峰さんが私にビデオを貸してと言ったのは、『浮雲』だけだ。七、八年前、私がテレビ放送から録ったものを持っていると言うと、やはり「映画になったものを一度も観たことがないから」と。私は驚いた。日本映画の最高傑作と言われ、高峰さんの代表作でもある『浮雲』を、当の本人が観ていない？　普通はあり得ないことだ。ビデオを返してくれる時、「どうだった？」と聞くと、「いい映画だった。高峰さん、上手いね」と、まるで他人事のように言っただけだ。

そして『春の戯れ』はビデオも廃盤となり、今では市場でもう手に入らないので、私がヤフーオークションにアラートをかけておいて、数万円で競り落としたのだ。ビデオ一本に数万円も払ったことについては、松山氏にえらく叱られた。「お金を何だと思っている！　そんなくだらないことに使って！」と。

だが『春の戯れ』は三人で観た。殆どビデオプレーヤーを使わない夫妻は、使い方を忘れてしまい、私が作動係を兼ねたわけだ。

実にいい映画だった。ただし二時間近くあったため、座椅子に座った松山氏はだんだん体が斜めになり、組んだ脚は投げ出され、並んで観ていた高峰さんも遂にガウンから小さな膝小僧を投げ出し、二人の後ろで観ていた私はベターッと寝そべるという、三人ともグズグズの体勢になってしまったのだった。

この時、夫妻は時々、小さく言葉を交わしていた。「あれはオープン（セット）？」と夫が聞けば、「そう。どこだか遠い所でしたよ。東宝撮影所じゃなかった」と妻。「これはセットだね？」「うん。山さん（山本嘉次郎監督）が品川の町を造ったの」、そんな様子を後ろから見ていて、「やはり映画人の夫婦だな」と、私はちょっと感動したのを覚えている。

――あの『春の戯れ』は、私、泣いちゃったんですけど、かあちゃんは泣かなかったね？

高峰「てめぇの演ったものを観て泣いてどうすんだ（笑）」

松山「私は泣いたよ」

――え!?

あの時、そんな素振りは少しも見えなかったので、とても意外だった。
松山「涙が滲んだというのが正確だけどね」
高峰「あの最後の、宇野重吉が帰ってきて、でも私（高峰秀子扮するお花）は一緒には行かないってところ？」
　高峰さんも氏が泣いたことが意外だったらしく、珍しく興味津々という感じで聞いた。だいたいこの人は夫の発言にしか興味を示さず、他の者の言うことはどうでもいいという傾向がある。それについては面白いエピソードがあるので、また後日書くが。
松山「人情話としてよく出来てる。ヤマカジさんのカッティングもシャープだし」
高峰「内容なんか全然覚えてなかった」
松山「でも長すぎます」
高峰「山さんが新派調で演ってくれって言ったの。宇野さんは新劇の人だからそれができなくて、山さんが『ダメだ』『ダメだ』って言ってたのを覚えてる。でも映画観たら、なかなか（宇野さん）上手いよ」
――ホラ、観ればいい映画だと思うでしょ？
高峰「うん」
――だから他の作品も観ればいいと思うよ。
高峰「観ません。善三さんはどう？」

松山「観たくないね」
高峰「ホラ、観たくないって（笑）」
――自分が作った作品を観たくないですか？
松山「自分の腕が未熟だから観たくない」
――かあちゃんが観ない理由は？
「だって、もう自分が演っちゃったんだから（笑）」
だからこそ、普通の役者は観たいと思うのだが……。
そして『二十四の瞳』について珍しい話が。
――この前、コトエちゃんは大船撮影所の経理で働いていた人だと言ってましたよね？
高峰「そう。ど素人。木下さんが連れてきた」
松山「いや、プロデューサーだよ」
高峰「あら、そう」
松山「あれは大変な撮影だったんだ。ダメ出しの連続で、あの女の子がどうかしてしまうんじゃないかと思うくらいだった。そのうち木下さんもヒステリーを起こしちゃって」
高峰「そうなの？　私は全然知らなかった」
松山「そりゃ、そうさ。秀さんはＮＧなんか出さないから、さっさと自分の撮影を終えて、あそこにはいなかったんだよ。僕はずっと現場にいたからね」

『二十四の瞳』の撮影時、松山氏はサードの助監督だった。そんなペエペエの助監督がよく大女優の高峰秀子に交際を申し込んだものだ……。ま、それはともかく。

松山「テスト、テストで何十回も演ってるうちに、監督に悪意が出てくるんだよ。苛めて、苛めて。だからあの女の子もしまいに萎縮しちゃって、ガタガタ震え出したんだ」

高峰「木下さんは、こんなちっちゃな子供達に『あんた達ッ、見苦しいです！』って怒るの。だって六つの子が十二人もいれば、あっち向いたりこっち向いたりしても当たり前よね。それなのに、『あんた達、こっち向きなさい！ 見苦しいです！』って」

言いながら高峰さんは笑い出し、私も高峰さんの言い方がいかにも木下監督に似ているので噴き出してしまった。

松山「そういう時、役者をなだめるのが助監督なんだよ。だから川頭（義郎）さんと僕が」

当時、松山青年は、子供達の夏休みの宿題をみてやったり、世話をしたそうだ。

高峰「きっと子供達は、怖い人がいると思ったら、急に優しいニイちゃんが来て、どうしたんだろうって思ったでしょうね。もう災難ですよ。六つだよぉ」

高峰さんも私も笑い続けている。

――木下さんは、子供なんか嫌いだったんでしょうね。

高峰「私に『僕が付き合ってるのは、東山千栄子と高峰さんだけですッ』って。どうしてあのお婆さんと私だけなんだろうって……。それで私に、『いやぁね、この男』って言うのよ。だから『女ですよ』って言うと、『秀ちゃんは女じゃありませんよ』だって。『高峰さんみたいに面倒臭くない女優は世の中にいません』って」

　私は笑いっぱなしだ。

「今思うと、可笑しいね」

　珍しく、高峰さんもよく笑った。

この人は記憶力が抜群だ。だがこちらから聞かない限り、自ら過去を振り返ることは、決してない。

　その心理の奥にあるものは何だろう……。

二

　高峰秀子は、とても〝変わって〟いる。

凡庸、月並み、ありきたり、そこそこ、ましてや陳腐などという言葉とは、金輪際、無縁の人である。

殊に、常々私が感じるのは、〝変わった老人〟であるということだ。

最近は、この「老人」や「年をとる」という言葉がなぜか忌み嫌われるようになったが、そんな風潮をこそ私は忌み嫌う。代わって幅をきかせるようになった「熟年」とか「年を重ねる」などという言葉は、喩えるなら、年季の入った職人が丹念に作り上げた漆の椀に比すプラスティックのそれに等しい。つまり安手であり、偽物。その言葉本来が持つ意味を真正面から受け止める覚悟がなくなった日本人の、だらしなさをよく表している。

第一、「老人」や「お年寄り」「年をとる」という言葉は、長い年月を生きてきた人に対する、尊敬の念を込めた立派な日本語だ。

さて、なぜ高峰さんが変わった老人かと言えば、それは、「愚痴」と「昔話」と「説教」が全くないからである。

この三つを私は〝年寄りの三種の神器〟だと思っている。当然、この場合の「年寄り」は悪い意味で使っており、「昔話」は殆どの場合が自慢話だ。つまり人は年をとると、言っても仕方のない愚痴をこぼし、自分のことを自慢し、若い者に説教をして、自己を正当化したくなるのだ。本当は隠しておきたいが、実は、私もそうだ。たかが五十を過ぎたばかりのくせに、気がつくとクドクドと愚痴を言い、自慢話をし、年下の人間に説教がましいことを言っている。もっとも私の場合は、もともと自慢屋だということもあるが。

だが考えてみれば、年をとらなくても、そんな人間は山ほどいる。愚痴と文句と言い訳を繰り返し、「人生とは……」「仕事というものは……」としたり顔で喋りまくり、「僕なんかこんなこと言われちゃってさ」と鼻をヒクつかせる若者。老人の場合は様々な点で弱っているのだから、まだ仕方のない面もある。しかし、若い人間でこの三種の神器を持つのは、いけない。それを振り回される側は大いに迷惑だし不愉快。第一、その様は、見ていて、明らかに美しくない。

してみると、この三つは〝年寄りの三種の神器〟であるばかりでなく、人間性を計る指標でもあるようだ。即ち、見苦しい人間かどうかという指標。

では、なぜこの三つが見苦しいのか。

私はこの二十年の間に千二百人ほどの著名人にインタビューをしたが、自身の過去について語る時、自慢の匂いがない人は非常に少なかった。とりわけ、俳優という職業の人にその傾向が顕著だ。中でも女優。自身の過去の出演作や役柄を語る時、彼女達の大半が同じような表情になる。夢心地の顔。自己陶酔である。これは見ていて、興ざめする。

そこには自身を他者として捉える冷静さも、他者の心証を慮る知性もないからだ。言ってみれば、当たり構わず泣きじゃくり駄々をこね、我儘を押し通そうとする幼児に似ている。幼児でないだけ始末に悪く、いかに自分が自己管理能力のない人間かということ

高峰さんは花が好きだ。
毎日水を替え、枯れた花や葉をとって、よく世話をする。
だが派手な花は好まない。一番好きな花は、「都わすれ」。

とを露呈していることになるのだ。と書きながら、私は自分の耳がもの凄く痛くなってきた……。

私事で恐縮だが、先日、田舎の父親が半分ボケた。こういう時も「認知症になった」と書かねばならないらしい。バカバカしい限りだ。「痴呆症」ならまだしも、「認知症」とは一体、日本語か。が、ともかく父はボケて、それがヘルパーさんであっても私であっても、側に誰か人間がいさえすれば、のべつまくなしに五十年も六十年も昔の話をしている。学生時代にどれほど先生に褒められたか、運動が得意だったか、あるいは「あいつはこう言ったのにこうしてくれなかった」という繰り言、恨み、悪態……。見ていて哀れだ。しかし一方で、「父らしい老い方」だと納得もする。父はボケる前から自己管理能力のない人だったからだ。そしてそんな父親を見ていて、私は思った。

人は、その生きたように老いるのだ、と。

つまり、人は老齢になったから突然、自制の箍が外れるのではなく、また年をとったからと言って急に立派になるものでもないのだ。

父はたまたま半分ボケているが、これを単なる老い方の一例として見ると、やはり考えさせられるものがある。先に書いた、もはや〝年寄りの〟ではなく、〝見苦しさの三種の神器〟について。

この三種を制する薬が一つだけある。それは、客観性である。だがこの客観性というのがなかなかの曲者で、身につけるに極めて困難な上、年をとればとるほど失われ易い。

　だから、高峰秀子は変わっているのである。言い換えれば、稀有。

　私が客観性というものをことさら意識し、人間にとっていかに重要な要素であるかということを痛感するようになったのは、明らかに高峰さんに出逢ったのが原因だ。

　早い話が、高峰秀子の随筆群。それらを好む人は、たぶん、その深い人間洞察力に惹かれるのだと思うが、もう一つの魅力は、随筆だから当然「私」が主体になって書き進めているにもかかわらず、その「私」、即ち高峰秀子自身がまるで黒衣（くろこ）でもあるかのように、読者の思考を邪魔しないことだ。まずい随筆は、必ず書き手の「私」が前面に出しゃばってきて、うるさい。と書いていて今度は私の手が痛くなってきた……。が、ともかく、高峰さんの書くものは、その演技と同じく、厳然たる「私」がありながら、風景のように〝無私〟なのである。

　受け取る側に無私を感じさせる女優がどれほどいるだろう。あるいは、随筆家でも。無私でありながら、その人本人にしかできない表現をして観る者や読む者の心を打つ人こそ、私は最高の表現者だと思う。

　前にも触れたが、それが最も顕著に出ているのが、彼女の自伝『わたしの渡世日記』である。自伝は、自身を語るインタビューと同じで、その人がどれだけ客観性を持って己を直視できるか、一目瞭然でわかる。恐らく自伝と呼べるもので、この作品ほど見事に自己を客体化した作品はない。

この作品を書くために、高峰秀子は五十歳にして初めて自身の過去を振り返ったのである。当時の『週刊朝日』の名編集長・扇谷正造氏が「昭和五十年で、五十歳の著名な女性ということになると、あなたしかいない」と言って松山家に日参、遂に根負けした高峰さんは連載を始めたと聞く。そして三カ月の連載の予定が、読者の圧倒的支持で一年になった。

驚くべきことは、これを書いている間、高峰さんは、「パチンコがいつ頃から流行りだしたか調べて下さい」と編集部に依頼した以外、一度も資料集めや調査を頼まなかったことだ。全て自分の記憶と、後は自分なりの事実確認によって、自伝であると同時に優れた日本映画史、そして昭和史に仕上げている。それほどに記憶力がいいのだ、彼女は。

なのに普段は、一切〝振り返らない〟。

それこそ自慢ではないが、私もかなり記憶力がいいほうだ。「そんなことまで覚えてるのか」と、よく人に嫌がられる。だが決定的に違うのは、単に記憶力のいい人間が始終振り返り、後悔し、懐かしむのに対して、高峰秀子は、恐ろしいほど過去を記憶しているにもかかわらず、その記憶した事実に囚われず、振り回されないということなのだ。必要とされた時にしか記憶の引き出しを開けない。

こんなことをつらつら考えている時、先日、テレビで、今は亡き杉村春子の特集番組を観た。誰もが認めるように優れた女優で、小津安二郎監督の『小早川家の秋』における演技など、まさに絶品である。また文化勲章を辞退したことも、新劇人の鑑とも言うべき気骨を示して、あっぱれだった。その番組の中で、杉村さんが、自宅に残していたファンや知人から貰った膨大な手紙の山が映し出された。私はそれを見た時、「ん？」と思った。

杉村春子と高峰秀子は、共に間違いなく上手い役者だ。片や演劇界に名を残し、もう片方は、日本映画史に永久にその名を刻まれる名優だ。だが、ものの考え方はまるで違うのだなと、不思議な気持ちがしたのだ。

四月末日、雷雨のち曇り。麻布・松山邸。

「大変な天気だから、出かけてくるの大丈夫かしらと思ってたよ」

居間に入っていくと高峰さんが言った。

台所のガス台の上に片手鍋が見える。今夜は何を食べさせてくれるのだろう……。

だが、まずは、例によって夕食の前に。

私はくだんの杉村春子特集を観たことを伝え、そして聞いてみた。

――かあちゃんは手紙をとっておきますか？

「私がとってあるのは、梅原（龍三郎）先生からのと藤田嗣治さんのもの。それから司馬（遼太郎）先生のが少しだけ」

——他の手紙は？

「全部捨てる」

——今、名前の挙がった方達はかあちゃんが尊敬している人ばかりですね。

「そうですね。手紙は残してないけど、川口（松太郎）先生も立派な人間だった。苦労人で努力家で。梅原先生の手紙は、飄々としてるんだけど、『え？』と思うような一言が書いてあって。例えば、『何か今日はいい仕事ができそうで、一画工に返ったような気がする』とかね」

——そういう方達を尊敬する理由は？

「やっぱり、人として、潔いことですね」

——かあちゃんと共通してますね？

「かどうかわからないけど、少なくとも潔くありたいとは思ってますね」

——前々から思ってたんですけど、とうちゃんとかあちゃんは、私が聞かない限り、一切昔話というものをしないのは、なぜですか？

「そんなもの、してどうなるの」

——忘れたかもしれないけど、十年近く前、まだ私が子供みたいにかあちゃんにまとわりついていた頃、かあちゃんはハワイに行く前の日に私にファクシミリをくれたんですよ。そこに書いてあったの、「今日という日は二度と戻ってきません。私は毎日、そう思って生きてきました。だからあなたも毎日を大事にして下さい」って。その時は正直、「そんなことよりかあちゃんのいるハワイに私も行きたい」と、そればかり考えてたんですけど、今になると、とても大事なことを書いてくれたんだなと思います。そのファクシミリに書いて下さったような考え方は、どんなふうにしてかあちゃんの中に生まれたんでしょう？

「それはやっぱり、毎日、映画を撮っていて、つまり本番が終わったら、おしまいだからね。今日また同じ芝居をするってわけにはいかないでしょ？　そういうことからそんな考え方をするようになったんじゃないの」

――「あの時は監督からＯＫが出たけど、ちょっとマズい芝居だったなぁ」なんて……。

「ない」

あまりの即答ぶりに、高峰さんと私は思わず同時に笑ってしまった。

「思ったってしょうがないじゃない。やり直しできないんだから。だから、そんなこと思わなくていいように、仕事しなきゃダメじゃない。わかる？」

――うん。その時その時が勝負なんだね。

「そうですよ」

　と、書斎から下りてきた松山氏が、『杉村春子』（中丸美繪著）という分厚い文庫本をポンとテーブルの上に置いた。

「あ、これね、とうちゃんがたまたま買ってきてくれたから、読んだんだけどね。私は杉村さんの芝居が大ッ好きでね。もう、一番尊敬してる俳優なの。だけど、これ読むと、人間的にはイヤな人だね」

――どういうところが？（私は未読）

「もう人を恨み、嫉妬し、羨ましがる。例えば、文学座が分裂して十何人が脱退していった時に、その人達を恨んで、その人達の誰かがどこかで配役に入ってたら、絶対にその仕事を受けないとかね。ヤな人」

　そして一拍置いて、言った。

「でもね、ヤな人だと思うくらいの人でないと、いい芝居はできません」

　私は唸った。実に含蓄のある言葉だ。

「ヤな人」というのは、悪い人という意味ではない。人間のイヤな面、負の感情を隅々まで理解できる人という意味なのだ。人間の悪意を悪意として理解できる人は、自身の中にも同じ要素があることに他ならないからだ。

　高峰さんは、自身もその「ヤな人」であることを知っているのだ。

　だが大きな違いが生まれるのは、その「ヤな」自分をどう処理するか、にある。

高峰秀子のやり方は、前にも書いた、あのすさまじい養母につぶされずに生きてこられたことで、よくわかる。お世辞にも「善意に溢れた」とは言えないその養母や多くの血縁の生活を一身に担いながら、欲得ずくで寄ってくる人間達にも翻弄されず、己を見失うことなく、ただ黙々と五十年間、女優業を続けて大女優になった人である。

「私は考えても仕方のないことは考えない。自分の中で握りつぶす」

かつて、高峰さんが言った言葉。

恨みや妬み、怒り、後悔、未練……人間が陥るあらゆる負の感情を理解し尽くしながら、この人は、それらを全て自分の中で握りつぶしてきたのである。「考えても仕方のないこと」として。

振り返ってそれが何になる。高峰秀子の中にあるものを、私はハッキリと感じる。

それは、〝潔さ〟である。

気がつくと、食卓の上に大きな朱の椀が運ばれていた。マナ（奈良産の菜）と油揚げの炊き物だった。

「あんたはこういう物が食べたいんだろ?」

その微笑みは水のように透明だった。

迷わない

一

五月某日、大雨のち曇り。麻布・松山邸。

小菊を少しばかり買って行くと、高峰さんは喜んで、さっそくガラスの水差しに生けて、食卓に飾ってくれた。

「ドア開けるなり、『買った!』って言ったからね、この人は。驚くよ」

松山氏が呆れたように笑った。

「そ」

例によって高峰さんは、さしたる感慨も示さず、細いヴォーグに火をつけた。

「ドクター・イヅツが『いい所が空きましたよ』って言うから、見に行ったら、ドアを開けた途端に空が見えたの。いいなぁと思って、その場で決めた」

話題は、三十年近く前、夫妻がハワイのマンションを買った時のことである。

――でも普通は、まず部屋の間取りを見たり、水回りを確かめたりするでしょう。もしどこかに不具合があったらどうするんです?

「そんなものは後から直せばいい」

高峰さんはこともなげに言った。

私も幾度となくお邪魔させてもらったハワイの松山家は、夫妻の旧友である日系二世の医師、イヅツ氏が住むマンションの一室だ。四階の角部屋で、高峰さんが言ったように、玄関のドアを開けると、まず台所の広い窓から、悠々たるハワイの空が見える。居間にいたっては、あたかも空に囲まれているかのように開放感があり、夏は涼しい風が吹き抜け、クーラーが要らない。そしてベランダからはアラモアナパークの広大な緑が一望できて、その先にはコバルトブルーの海が光っている。

高峰さんならずとも気に入る。だがいくら気に入ったからと言って、ドアを開けた途端に即決する人は、まずいないだろう。まだ部屋に踏み入ってもいないのだから、内部の様子もベランダからの眺めも見ていない。第一、スーパーでキュウリや大根を買うのとはわけが違うのだから。

人にとって、家はたぶん人生で一番大きな買い物だ。それだけに、その選び方や決め方にはその人の性格が如実に表れる。

このハワイの松山家は、私が言うのも厚かましいが、実に住み心地が良い。三十畳分ほどのリビング・ダイニングに、十畳分ほどの寝室、八畳分ほどの書斎、あとはバス・トイレというシンプルな造り。後年、洗濯室を松山氏専用のバスルームに改造したが、高峰さんは非常に気に入ったので、麻布の自宅を小さくする時も、間取りをこのハワイの家に倣ったのだ。もちろん麻布の家のほうが、三階建てだから広いが、居室としては居間、寝室、書斎の三つなので、基本は同じだ。そしてこちらもハワイの家に勝るとも劣らず、住み心地満点だ。

人にとって大きな決断を迫られる〝家〟を、高峰さんは、買う時も建てる時も、また壊す時も、全く迷っていない。

現在の麻布の家を建てて二十二年、それまであった教会建築の豪邸を壊すに際しても、住み込みのお手伝いさん達と運転手さんの今後の身の振り方がきちんと決まるまで、時期こそ選びはしたものの、壊すか否かについては一切迷わなかったという。それは夫君も同じだったそうだ。もう女優業をやめたのだからこんな大きな家は要らない、というのが理由だった。確かに理屈はそうだ。だが、普通の人なら絶対壊せない、と私は思う。何しろ、窓枠一つにしても、一本一本面取りがしてあるような、それは見事な家だったのだ。それを、老朽化したわけでもないのに壊すというのだから。「もう少し後でもいいだろう」「そのうちに」と言って躊躇し、逡巡し、結果「まぁ、いいか。もったいないから」と、壊せないまま終わると思うのだ。

以前、高峰さんは言った。

「人はそのときどきの身丈に合った生活をするのが一番です」

名言だ。生き方の極意とも言える。だが、これを実行できている人がどれだけいるだろう。殊に芸能人と呼ばれる人の中で。

かつての教会建築の家の居間で。
映画の中とはまた違う、馥郁（ふくいく）たる〝松山秀子〟の笑顔。
家を縮小する時、家財道具の大半を処分したが、
左端に見える飾り棚は現在の家にもある。
旅先のフランスで買い求めた19世紀の楽譜立てだという。

先の教会建築の家は、応接間が三つあったそうだ。残念ながら、その頃まだ私は高峰さんに知遇を得ていないので、直に見たことはないが、あえて応接間を三つ設けたのは、仕事の打ち合わせやグラビア撮影のために人が次々に訪れ、廊下がまるで病院の待合室のようになるので、そうしたに過ぎないという。言わば、仕事上の道具と同じだ。だから見栄や体裁で豪奢な家を建てる多くの芸能人とは、端から価値観が違う。

だからこそ、誰もできない、意匠を凝らした豪邸をぶっ壊すという快挙をなし得たのだ。しかも莫大な費用をかけて、二年がかりで。

〈「身死して財残ることは智者のせざる処なり……」と、私の敬愛する、なんでもかんでもいいと見苦しのオッサン、吉田兼好の『徒然草』にもあるではないか。物への執着は捨てて、物にまつわる思い出だけを胸の底に積み重ねておくことにしよう。思い出は、何時でも何処でも取りだして懐かしむことができるし、泥棒に持っていかれる心配もない……家財道具は三分の一に減った〉

高峰随筆「死んでたまるか」より

容れ物だけでなく、中身も処分した。

その証拠に、いつだったか、松山家でお昼に煮素麺をごちそうになった時だ。高峰さんが松山氏と私に、大きな朱の椀に入れた煮素麺を運んでくれて、二人でハフハフ言いながら熱々を食べ始めたところ、いつまで経っても高峰さんの分を運んでくる気配がない。「かあちゃんは食べないの?」、私が聞くと、「うん、後から食べるよ」と言う。「今、一緒に食べようよ」、言いながら、あまりに美味いので私は夢中で食べ続けた。と、しばらくして松山氏が「はい」と、食べ終えた椀を高峰さんに押し出した。すると高峰さんは台所に戻り、その椀に自分の分を入れてきた。つまり、大きな朱の椀が二つしかないのだ。いや、二つだけにしたのだ。夫妻の分だけに。だから松山氏と私に先に食べさせてくれたのだ。

〝もう客を招ばない家〟。老夫婦二人だけで静かに暮らしたいから小さくした家。お手製の煮素麺を食べながら、私はつくづくと高峰さんの、この家を建てた時の気持ち、その揺るぎないものの考え方に思い至ったものだ。

土地を選ぶ時も即決だった。

高峰さんは現在の麻布の高台に住んで、実に五十五年になる。結婚する前から住んでいる。この地でようやく、かの凄まじい養母から離れて暮らすことができるようになったのだ。もっとも、後年、ボケてしまった養母を離れに引き取って世話をした時期もあるが。ともあれ、この麻布の場所も、ひとめ見て、決めている。

高峰さんの主演作の中に『朝の波紋』（昭和二十七年度作品。五所平之助監督）という映画がある。二十七歳でパリに〝逃亡〟、その帰国直後に撮った作品で、ＯＬ役の高峰さんは半年のパリ暮らしのために、やや〝チーズ太り〟しているのが微笑ましい。

この映画の中で、少年が犬を捨てようとして捨てられず、大きな木の側で考えるというシーンがある。その森閑とした原っぱが五十五年前の麻布永坂町。撮影で訪れた高峰さんはひとめ見て気に入るのだ。「なんてさっぱりしたいい所かしら」、そして番地を聞くと、麻布永坂町一番地。「きっぱりしていて気持ちがいい。絶対ここに決めた」と。

この辺に売り家はないか探してほしいと、当時のお抱え運転手さんに依頼する。元・蜂須賀公爵家に仕えていたその運転手さん、松島氏はさっそく麻布十番の銭湯で聞き込み調査をし、翌日には、「お嬢様、ありました」。それが、現在の松山邸の場所に建っていた洋館である。

そしてここからが、〝迷わない〟高峰秀子の本領発揮。さっそくその館を一人で訪ねた。誰かを使いにやるのではなく、自分自身で行動するところが、いかにも高峰さんらしい。玄関のチャイムを押すと、出てきたのは英国人の老紳士。続いて日本人の奥さんも出てきたそうだ。

「この家、お売りになるそうですね？」「ハイ、ソウデス」「お幾らですか？」「五百万円デス」「わかりました。明日、お金を持ってきます」

その言葉通り、翌日、高峰さんは東宝から出演料を五百万円前借りすると、ゲンナマを風呂敷に包んで件の洋館を再訪、「はい、五百万円です」とポンと渡し、英国人老紳士に「ジャ、コレ、家ノ鍵デス」と渡されて、以来半世紀以上、この場所に住んでいるのだという。

とはいえ、いくら何でも金と鍵を交換して終わりというわけにはいかないから、登記簿などの書類はしかるべき人がきちんと手続きしてくれたのだろう。それにしても、昭和二十七年の五百万円と言えば、今の何億になるのだ？　その大金を風呂敷に包んでとは……。

「度胸があるんだよ、この人は」

松山氏が、黒ギネスをグラスに注ぎながら、笑顔で言った。

それでも、洋館を買った時の経緯は事実であり、ハワイのマンションを一声で買った時と同じだ。

「一発必中なんだよ」

また頃合良く、氏の合いの手が入る。

高峰さんは台所で何やら用意してくれているようだ。

この高峰さんの一連の行為は、もちろん買い物に見合う金が用意できるから実行できたことではある。しかし、決して衝動買いではない。

彼女は物事を決断する時、逡巡しないのだ。かつて一時期、高峰さんは丸の内の丸ビルで「ピッコロモンド」という骨董屋を開いていたことがある。理由は「私は今まで人に頭を下げたことがないから、百円の物でも二百円の物でも買ってもらって、人様に頭ったそうだ。ベテランの骨董商も顔負けの即決と眼力だったと聞く。

を下げる経験をしよう」。これも実に高峰さんらしい発想だ。彼女は商売をするにあたって古物商許可証を取り、自ら競りに出たそうだが、この時の買いっぷりがまた見事だったそうだ。ベテランの骨董商も顔負けの即決と眼力だったと聞く。

そして身近な例で言えば、それこそスーパーで買い物をする時。今でこそもう出かけないが、以前は私も何度か一緒に麻布十番のピーコックや銀座のデパートの地下食料品売り場に行ったことがある。が、その時の高峰さんの早いこと早いこと。あれにしようか、これもいいわね、などということが全然ない。私が選んでカゴに入れている時、もうレジに並んでいる。だが品物の良し悪しはきちんと見ているのだ。キュウリ一本でも、魚の切り身一つでも無造作にカゴに入れたりはしない。手に取って自分の目で新鮮さを確かめる。

さらに高峰さんの買い物の特徴は、予定外の物は決して買わないこと。ある時など、高峰さんのカゴにはキュウリ三本組みと、電池と牛乳だけ。「それだけなの?」、私は思わず聞いたくらいだ。

あらかじめ買う物を決めてから行くという人は多いはずだ。だが、たとえ決めていても、必ず余分な物を買ってしまうのではないだろうか? 「安いから」「どうせ使うんだから」……。私など、空腹な時にスーパーに行くと、ついあれもこれもと、山のように食料品を買い込んでしまう。スーパーというのはもともとその〝つい〟を助長するように品物を並べていて、またそれが売る側の作戦でもあるのだ。

だが、高峰秀子に限っては、この〝つい〟が、絶対にない。買い溜めという行為もしない。ただし松山家には、知人やファンから始終、宅配便が来るので、しかもその殆どが食べる物なので、必然的に、食糧庫が一杯になる。少なくとも日に数回は、お中元やお歳暮の時期には日に十何回も玄関チャイムが鳴る。高峰さんが困り果て、一度、私は頼まれてワープロ打ちの葉書を百枚制作した。「老夫婦ですので……お気持ちだけで十分です。云々」という、宅配便を控えていただきたい旨の葉書である。それでどれほどの効果があったのかなかったのか、相変わらず松山家に宅配便が途絶えたことはない。その送られて来た食べ物を、高峰さんは唯一のお隣さんと、たまに訪れる運転手さんに迷惑でない程度に引き受けてもらい、もはや自宅で消化するしかない食料は、全部一覧表にする。そして鮮度の落ちやすいものから順番に、メニューを考えてその日の料理に使っていくのである。

ここで再度お願いします。どうか松山家に、ジャガイモやカボチャを山のように送るのは控えてあげて下さい。八十二歳の松山氏がそれを納戸まで運ぶのは重労働だし、固いカボチャに八十三歳の高峰さんが小さな手でウンウン言いながら包丁を入れるのも、可哀想ですから。ついでに言えば、大きな鉢植えのお花もご勘弁下さい。松山氏が腰を痛めますので。

あ、それこそ、つい話が逸れた。

つまり、高峰秀子には、迷いがないのだ。

そして、人生で最も大切な決断。

——結婚する時、迷いましたか？

「全然ッ、迷わなかった。あ、いいのがいた、と思った」

黄金色の卵焼きに細い箸が伸びた。

「美味い」

〝一発必中〟された松山氏が、満足の声を上げた。

二

人はたいてい、どちらかに入るものだ。相談する側とされる側の。人が誰かに相談する時というのは、事前に自分で心を決めておいて、その決断に賛成して欲しいと思って相談する場合と、とにかくどうしていいかわからず、自分に代わって答えを出してもらおうと相手に全てを委ねる場合とがある。

だがいずれにせよ、人に相談するタイプの人には結構苦労知らずの人が多い、と、経験上、私は思う。〝苦労〟というのは、何も物質的なことだけではなく、むしろ精神的な意味のほうが強い。なぜなら、人に相談するタイプの人は、相談するに足りる誰かが周囲にいたということであり、その誰かしらに頼ろうとする気持ちが受容される環境に育ったということだからだ。極端に言えば、自らが決めなくても誰かが決めてくれた、あるいは、迷えば誰かが助け舟を出してくれた、そんな歳月の積み重ねがあった結果、〝相談する側〟になったのだ。もちろん生まれながらの性格もあるが、しかし決断力のあるなしは、その人の成長過程に大きな要因があると、私は思う。「人生は、朝起きてまず顔を洗うか歯を磨くか決めることに始まる、小さな決断と選択の積み重ねである」と言われるように。

つまり〝迷える〟余地があるというのは、ある意味で幸せなことなのだ。迷っている人には隙がある。時間的にも精神的にも。それで無事に生きてこられたということであり、そこに警戒心や孤独は、殆ど無いと言える。ただし反面で、「分（ぶ）が立たん」という言い方もできる。これは、私の故郷の高知弁で、おおまかに言えば頼りないという意味で、決断力がないことも含まれる。

私は、高峰秀子という人の半生を思う時、草原の只中で、生まれるとすぐに立ち上がるカモシカかキリンの子供を思い出す。すぐに立ち上がって走り出さなければ、ライオンやハイエナの餌食になってしまう、草食動物の子供。

七月某日、午後、曇り。麻布・松山邸。

「花は買ってこなくていいからね」と、事前に高峰さんが言っていたように、届いたばかりの小ぶりな鉢植えの蘭が三つ、それぞれ食卓や飾り棚の上に置かれていた。送り主が前回の内容を読んでくれたのかどうか、珍しくいつもの巨大な鉢ではなく、小さな鉢が三つ届いたそうだ。それにしても、常にどこかしらから花が贈られてくる家だ、この家は。

――今までに一度も迷ったことはないですか、本当に？

「ないですね。デブ（養母）がああいう人だから、相談したって仕方ないし、誰も意見を言ってくれる人もいなかったし」

――映画の仕事を受ける時も、自分で決めたんですか？

「そうね。脚本がたくさん来るから、その中から、自分で読んで決めた」

――でも子役の時はさすがに無理でしょう。

「そりゃ、そうよ。五つや六つで脚本を読むことなんかできませんよ。第一、十歳近くまで私は字が読めなかったからね。小学校に行けなくて」

――いつ頃から自分で脚本を読んで決めるようになったんですか？

「そうねぇ、『馬』あたりからかな」

十四、十五歳である。
だが私から見れば、高峰さんには、相談する人はたくさんいたのだ。

高峰秀子は十二歳で松竹から東宝に移籍している。つまり引き抜かれたのであるが、その時、彼女が移籍を承諾した理由は、東宝が世田谷区成城の高級住宅街に用意した家でも、また大枚の契約金でもなかった。唯一、「女学校に入学させる」という文言だった。それほど高峰秀子は、学校というものに行きたかった。五歳の時から昼夜なく働き家族の生活を支えてきた彼女は、小学校に、通算しても一カ月足らずしか通っていない。だから読み書きは自分で覚えた、絵本を見ながら。

しかし結果として、入学した女学校、文化学院も、撮影の仕事が忙しくて、やめざるを得なくなる。その噂を聞いて、六人の心ある大人達が、彼女の親代わりになると申し出たのだ。「学校へは行けず、無学な母親との二人暮らしではデコが哀れだ。自分が親代わりになって面倒を見、人並みな教育を与えてから母親に返してやりたい」と。その六人とは、映画監督の山本嘉次郎、東宝映画の社長、成瀬巳喜男監督夫人で女優の千葉早智子など。

もっとも、高峰さんには子役時代からよく養子縁組の話が持ち込まれている。最初は六歳の時で、やはり映画監督の五所平之助夫妻、そして十歳の時は、当時の流行歌手、東海林太郎。この場合は、事実二年ほど、養母と一緒に東海林家に寄宿している。が、

松山氏の仕事で広島に行き、珍しく瀬戸内海に遊んだ40代の頃。
「あ〜、河豚だぁ」、2人の笑い声が聞こえてきそうな一葉。

この時のことは複雑なので、またの機会に譲るとして。

ともあれ、養母・志げは、度々持ち上がる娘の養子話に強い警戒心を抱くようになり、監視人として秀子に「付き人」さえ付けるようになるのだ。だがやがてその監視役であるはずのお手伝いさんは秀子の味方となり、養母から秀子を庇うようになるのだが……。

そんな養母が、先の六人の申し出を承諾するわけがなかった。使者として訪れた俳優部の課長の話が進むうち、志げの両の目は見る見る吊り上り、全身がガクガク震え出したかと思うと、叫んだ。「私というれっきとした母親がいるのに親代わりとはなんのことだ、余計なおせっかいだ、大きなお世話だ！」と、半狂乱になったのである。志げの中に秀子への愛情がなかったとは言わない。だが明らかに言えることは、志げにとって、秀子を失うことは、日々大金を生み出す〝金の卵〟を失うことに等しかったということだ。

そして、〝親代わり〟の話は消えた。

出来事の発端となった、高峰さんが文化学院をやめる時のくだりが、彼女の著書『にんげんのおへそ』に記されている。

〈文化学院に入学して小一年も経ったある日、担任の河崎なつ先生から呼び出しの電話を受けて、養母と私は学校へ急いだ。

「文化学院がいくら自由な学校でも、一ヶ月に二、三度しか通学のできない生徒を二年に進級させることは出来ません。学校をやめるか、映画の仕事をやめるか、よく考えて、どちらかにしてください。先生は困っています」

先生も困るかもしれないが、私も困った。私が映画の仕事をやめれば、その日から私たち母娘はもちろん、早くも私の出演料を目当てににじり寄ってきている三、四人の親族までが路頭に迷うことになる。よく考える余地もへったくれもありはしない。

「ハイ。学校をやめます」

私はそう返事をして教室を出た。授業中なのだろう、人っ子ひとりいないガランとした校庭は、ヘンにしらじらとしてまぶしかった。

成城の家に帰る電車の中で、母は呑気に窓外を眺めていたが、文化学院をクビになった私はさすがにメゲていた。が、一方では私の中でなにかがパチン！　とふっ切れたような気もしないではなかった。私は子供のころから甘えるのがキライだったし、甘えたことがない、と自分ではおもっていた。が、実はとんでもない甘ったれだったのだ、ということにハタと気づいて愕然としたのだった。一年前、東宝映画と契約をしたとき、東宝側はたしかに私を「女学校に入学させます」とは言った。が、女学校に通学させる、とは言わなかった。

考えてみれば至極当然、映画産業は慈善事業ではない。せっかく大金を積んで他社からひったくってきた俳優をノンビリと女学校に通わせていては商売が成り立たないだろう。私は映画会社という商店の一個の商品なのであって、人間ではない。ということを、そのとき、肝にめいじておもい知ったのだった〉

何ということか……。わずか十四歳の少女が、こんなことを考えたのである。

「私は映画会社という商店の一個の商品なのであって、人間ではない」

この時の心境を、六十年後、自身の随筆に書くまで、高峰秀子は誰にも語っていない。

――文化学院をやめて帰る時、養母は電車の中で呑気に窓の外を見ていたとありますが、何か言いましたか？　学校をやめたことについて。

「全然！」

――それ以後も？

「言うわけないよ。デブは学校なんか行かなくていいと思ってる人だし、私が女優をやめたら、明日から私達も親類も飢え死にですよ。これ幸いと思ったでしょう」

養母のことを語る時、高峰さんの目には、〝険〟が生まれる。普段、水のように透き通って穏やかなその表情に、明らかに険しい何かが生まれるのだ。この人の、八十余年の人生に、ただ一人、傷を残した人物。それが、養母・志げである。

「何だ、またデブの話をしてるのか？」

その時、書斎から、松山氏が笑顔で下りてきた。

大げさでなく、私には、一瞬、まるで天使が舞い降りたように思えた。そして、高峰さんが松山氏に出逢って結婚しようと思った時も、こんな気持ちがしたのではないか、と、漠然と感じた。

だが考えてみれば、もし少女だったデコちゃんが、あるいは娘になった高峰さんが、「ちょっとご相談したいことがあるんですが」と言えば、少なくとも先の六人は、親身になって相談に乗ってくれたはずである。

高峰秀子には、相談する人がいなかったのではない。相談しなかったのである。では、なぜ、しなかったのか。

性格もさることながら、そこには、人としての矜持があったからだと、私は思う。

それは一夜にして培われるものではない。五歳の時から大人の中に混じって働いてきた、いわば〝子供時代を奪われた〟一人の少女が、その二つの眼で、じっと人間を見、物事の有様を見つめ続けながら、人にとって本当にすべきことは何か、してはならないことは何か、何が美しくて何が醜いか、つぶさに見て、学び取った結果だと、私は思う。

「学校に行かなくても勉強はできる」、一人でそう決意して、文化学院のまだ真新しい教科書を古新聞と一緒に括った十四歳の高峰秀子は、その決意通り、世間や人間から多くのことを学び取りながら、自身の中に確固たる規範を作っていくのである。

迷わない人、決断力のある人は、自身の中に揺るぎない己の規範を持っている人ではないだろうか。

そして一度決めたことを決して翻さず、振り返ることもなく、高峰秀子は、ただ黙々と、自身が下した決断をより良い方向へ導いていったのだ。

家庭的に恵まれなかった人、子供時代に辛酸を嘗めた人は大勢いる。だが、そんな苦労をした人がみな素晴らしい人間になっているとしたら、この世はパラダイスだろう。苦労したことが偉いのではない。苦労に押し潰されず、苦労に打ち勝ったことが尊いのだ。その至難の業をやり通した先にこそ、人としての本当の幸せや美しさが生まれるのだろう。残念ながら、私には「だろう」としか言えない。「である」と確信できるのは、実際にそれをなし得た人だけである。だが少なくとも、高峰秀子を見ていれば、その推測が間違っていないことがわかる。今の私にもそれだけは確信を持って言える。

そして、それをなし得るために必要なものは、たぶん、己への厳しさだ。誰が見ていなくても、誰に指摘されなくても、自分自身の行いや考えを一番知っているのは、自分だ。高峰秀子は、努力しない自分、手を抜く自分、いい加減な自分を、絶対に許さない。この人の中に棲む、もう一人の自分が、鋭い眼で高峰秀子を見つめているのだ。その眼は、恐らく他の誰を見る時よりも、手厳しく冷酷なのではないだろうか。

かつて高峰さんは、知人や女優仲間によく言われたそうだ。「いいわねぇ、大女優で、いい旦那さんがいて、威張っていられて」と。

そんな時、高峰さんは答えたという。

「五十年かかりました」

この「五十年」の本当の意味を知る人が、どれだけいるだろう。

「かあちゃん、そろそろなくなるだろうと思って、森永キャラメルも買ってきたよ」、私は数冊の本と一緒にキャラメルを五箱ほど、買い物袋から出した。

「前は甘い物を全然食べなかったのに……。あんまり食べすぎると良くないよ」

〝天使〟が心配そうに言った。

だが高峰さんは、聞こえているのかいないのか、それには応えず、嬉しそうにキャラメルを台所の戸棚に運んだ。

この頃とみに肉付きのよくなった〝カモシカ〟のその後姿を見ながら、私は思った。

良かった。やっと、この人はゆっくり立ち止まることができるようになったのだ、と。

何という利発そうな顔。
そしてまぁ、誰に言われたわけでもないのに、
きちんと指を揃えて。
男の子の役もしていたので、髪の毛が短い。
実に悠揚迫らぬ６歳である。

甘えない

一

先の「動じない」が高峰秀子を象徴する言葉だとすれば、「甘えない」は、まさに高峰秀子の真髄を表した言葉だと言える。

そして、この「甘え」という極めて厄介な人間の資質こそが、高峰秀子という人と私との間に介在する、水と油ほどかけ離れた、だが同時に、高峰秀子という極めて優れた人間が、出来損なった私という人間を見放さずにきてくれた、大きな要因になったのかもしれないと、今になると思えるのだ。

十二年前（一九九六年）、闘病の末に母親を癌で亡くした時、私は一時、精神のバランスを失った。そして励ましてくれた高峰さんに全身で寄りかかり、甘え、取り憑かれたように、「かあちゃん」である彼女を追いかけ、毎日、「かあちゃんに会いたい」とそればかり言い続けた。

その時、高峰さんが言ったのだ。

「人の時間を奪うことは罪悪です」

私はキョトンとしていたと思う。意味がわからなかったのだ。

だがもしその時、私が平静であれば、思い出したはずだ。その二年前、高峰さんに何度目かの取材をした日のことを。

あれは一時間ほどのインタビューだった。深刻な内容ではなく、高峰さんの新しい著書についての取材だったので、ホテルオークラの喫茶室で話を聞いた。

取材が終わって、椅子から立ち上がる時、高峰さんが小さく言った。「見てご覧なさい。みんな女よ」。ん？　私は周囲を見回した。客は中高年の女性ばかりだった。午後の時間にそんな場所でケーキやコーヒーを楽しんでいるのだから、当然、経済的にも時間的にも余裕がある人々である。みな、よく笑い、喋っていた。「家に帰って、本でも読め」、ポツリとそう言うと、高峰さんは出口に向かった。私はクスッと笑いながら、後に続いた。

だが思えば、その時もやはり、私にはわかっていなかったのだ。なぜ高峰さんがそう言ったのか。そこにはどんな思いがあるのか。

高峰秀子は、人間にとって時間というものがいかにかけがえのないものかということを、理屈ではなく、実感として知っている人だ。それは、幼い時から小学校にも行けず、子供らしい遊びも知らず、自分の時間の全てを養母や親族を養うために費やしてきた、その長い歳月の間に得た実感に他ならない。

少女時代、撮影所から帰宅して、寝る前のほんのわずかな時間に、布団の中で本を読んでいたら、目に一丁字もない養母が、「私への当て付けか！」と頭上の電灯を消した。

そんな生活の中でも、時間を盗むようにして本を読み、独学を続けてきた人である。そんな人にとって、大声で笑いながら、午後の時間をケーキとコーヒーとお喋りに費やす女性達の姿はどんなふうに映っただろう。

あれから十数年、私は高峰さんの日々の暮らしぶりを見ながら、ようやくその気持ちが少しだがわかるようになった。

高峰秀子は、決して自分から人に連絡しない。誘わない。そして会う時は、待たされることはあっても、自分が相手を待たせることは金輪際ない。五十年の女優人生、驚くべきことに、無遅刻無欠勤である。一度だけ風邪で高熱を出し、さすがに今日は休まねばならないと思っていたら、大雪で撮影が中止になったそうだ。

高峰さんには「私の救急車」と呼ぶ人物がいた。作家の司馬遼太郎氏、評論家の大宅壮一氏、かつての文藝春秋の社長・池島信平氏。高峰さんは心から彼らを尊敬し、彼らもまた同じ気持ちだった。普通、そのような人間関係であれば、「久しぶりにお食事でも」、でなければ「お元気ですか?」とこちらから電話をしたり、あるいは手紙を出したりするのではないだろうか。

絶対にしないのだ、高峰秀子は。

以前、何故かと私が聞いた時、こう答えた。

「あの方達が同じ空の下で生きていてくれると思うだけで、幸せ」

そして遂に最後まで、高峰さんのほうから連絡をすることはなかった。

八月某日、晴れ。麻布・松山邸。

先日、私がたまたまネットの古書店で見つけて高峰さんに届けた團伊玖磨著『パイプのけむり』最終巻をいたく気に入り、と言っても、『アサヒグラフ』に連載していた当時に既に彼女は読んでいるのだが、もう一度読みたいから他の巻も手に入れてもらえないかというので、私はすぐにネットオークションで探し始めた。

「十三冊集まったけど、今日は五冊しか持ってこなかったよ」、私が言うと、

「毒だからね」

高峰さんは私が次に言おうと思ったことを先に言って、笑った。

以前、随筆を十冊届けたら、一週間で読んでしまった彼女に、「今度から少しずつにする。身体に毒だから」と私が言ったことを覚えていたのだ。

高峰さんは、それこそ〝食う〟ように本を読む。夫君の松山氏が「どうかしちゃったんじゃないか」と心配するほど、読む。

それほど今でも書物に飢えている。読みたくても読めなかった、学びたいのに学ぶ時間を奪われた少女時代と同じように。

この高峰秀子の衰えを知らぬ読書熱は、〝甘えない〟ことと無関係ではない。

それは、前回引用した高峰さんの著書『にんげんのおへそ』の一節に表れている。決断力に長けたエピソードとして引用したが、奇しくも、その中に甘えない彼女の重要な心境が描かれているので、一部分を今一度、引用する。

〈私は子供のころから甘えるのがキライだったし、甘えたことがない、と自分ではおもっていた。が、実はとんでもない甘ったれだったのだ、ということにハタと気づいて愕然としたのだった。一年前、東宝映画と契約をしたとき、東宝側はたしかに私を「女学校に入学させます」とは言った。が、女学校に通学させる、とは言わなかった。考えてみれば至極当然、映画産業は慈善事業ではない。せっかく大金を積んで他社からひったくってきた俳優をノンビリと女学校に通わせていては商売が成り立たないだろう。私は映画会社という商店の一個の商品なのであって、人間ではない。ということを、そのとき、肝にめいじておもい知ったのだった〉

高峰秀子が〝甘え〟について触れたのは、後にも先にもこの時だけである。

撮影が忙しくて月に二、三度しか出席できない高峰さんは、文化学院の担任に「学校をやめるか、映画の仕事をやめるか、どちらかにしてください」と言われ、その場で「ハイ。学校をやめます」と答えて学校を去る。右の記述は、その帰路、電車の中で「呑気に窓外を眺めて」いる養母の脇で、一人つらつらと考えた事である。

果たして、これを「甘ったれ」と思う人がいるだろうか。望んでやまなかった学校というものにやっと通えるようになった矢先、その望みを自ら捨てねばならなかったのだ。養母と親戚を養うために。

普通の人間なら、必ず文句の一つも言うはずだ、「あなたのせいで」と養母に対して。あるいは恨むだろう、「あなた達のおかげで」と十数人の血縁達を。だが高峰さんは、一言の不平も恨み言も言わず、翌日からまたいつもと変わらず撮影所に通い続けた。

高峰秀子の〝甘えない構造〟とは……。

――この時以外に、自分を甘ったれだと思ったことはありますか？

「んー、ないね。あの時は、学校へ行きたかったのをやめさせられたから、考えたのね、自分でも」

――「私は小さい時から甘えるのが嫌いだった」とありますが、なぜそう思ったんでしょう？

「小さい頃から子役してたでしょ。子役しててさ、芝居にＯＫが出るまでは、いっくら甘えたって泣いたって、うちへ帰れない。そういうことで、そんな風に自分でも思ってたんだね。甘ったれたって、わめいたって、終わる時が来なきゃ、ダメなんだって。身にしみて、もう、何て言うのか、頭で考えなくても、承知してたんだね」

――実際、「もうイヤだよぉ、おうちへ帰りたいよぉ」なんて言ったことはない？

「ないです」

——でも普通の子役なら、「もうイヤだ」とか「お腹が空いた」「眠い」なんてグズることはあるだろうし、事実、そんな子役はたくさんいますが……。

「小さくっても、自分が働いているんだからお養父さんもお養母さんも暮らしていける、そういうことが、誰に言われなくてもわかってたからね」

——やがて養母と別れることになる養父の荻野という人は、働いてなかったんですか？

「初めは芸能ブローカーみたいなことをしてたみたいだけど、風来坊ですよ。働いてたとは言えない。時々帰ってきてたけど」

——家にお金を入れている様子もなく？

「全然、全然」

——じゃ、自分の周りの大人で働いていた人は誰もいなかった？

「いない、いない」

——してみると、高峰さんは本当に手のかからない、大人を煩わせることなどない子供だったんですね？

「だから可愛がられたんだよ。必ず誰かしらが銀座に連れていって、ご飯食べさせてくれた。当時の私から見れば、オジチャンとかオニイチャンでしょ。そういう人が二、三人で私を連れていくの。不思議だと思わない？　それでまた蒲田のアパート（当時、高峰さんが住んでいた所）まで送ってくるんだから」

――別に話し相手になるわけじゃなし。ただのチビでしょ。

「そう、そう。それでその人達の隣に腰掛けて、何かチキンライスとか子供の食べそうなものをとってくれて。自分達はビール飲むでもなし、ご飯食べてね」

――ただ可愛いから、ご飯を食べさせてやりたいと思ったんでしょうね。

「そう。犬や猫連れてるみたいにね」

この言葉を聞いて、私は常々高峰さんについて感じていたことを思い出した。

――かあちゃんは養母に躾らしい躾をされた覚えはありますか？

「全然！」

あまりに強い否定の仕方なので、私が思わず笑っていると、高峰さんは台所に入っていきながら、さらに言った。

「全然！　全然ないね。デブに躾けられたことなんか、全然ない！」

そして流しの前で夕飯の支度にとりかかり始めた高峰さんに、なおもついていって、私はテープレコーダーを向けた。

――それやりながらでいいんですけど、でも前に言ってましたよね、些細なことだけど、養母に「新聞は踏んじゃいけない」って言われたと。他にはないんですか？

「ないねえ。ご飯食べたら『ごちそう様』って言いなさい」

――それぐらいしか言われた覚えはない？

なくちゃいけないのに、かあちゃんは親に殆ど何もされないでね……。

「ない」

――普通の子供は親に学校へやってもらって、食べさせてもらって、着せてもらって……。なのに、かあちゃんは親に殆ど何もされないでね……。

「何もされないで。学校行ってないからね」

と、なぜか二人して目が合って、同時に笑ってしまった。本当は笑うようなことではないのだが、高峰さんの言い方が、その間といい、声音といい、どうしても笑ってしまうのだ。音声でお伝えできないのが残念だが。

――五歳から働いて、一人で育ったようなもんだね。

「ま、でも撮影所の人がみんな可愛がってくれたからね。愛情はくれたね、みんな」

――なんか、かあちゃんは動物の子供より親に世話になってないね。

「ない、ない、ない。オッパイ飲ませてもらったわけじゃなしね」

――この前、カモシカやキリンの子供は生まれてすぐ立ち上がるということを書きましたけど、かあちゃんはすぐ立ち上がった上に、餌まで自分で採り始めたようなもんだね。

「ハハハ」

高峰さんは愉快そうに笑うと、ガス台に片手鍋をかけた。

火を使う時に側にいてはいけない。私は、ダイニングに戻った。

食卓の上のノートやテープレコーダーを片付けながら、私は半年ほど前に見た、ホッキョクグマの生態を描いたドキュメンタリー番組のことを思い出していた。そして改めて確信したのだ。高峰秀子は、あらゆる意味で野生動物みたいな人だと。

台所からいい匂いがしてきた。

今日、来る前に電話して「何か買っていく物はない？」と聞くと、高峰さんが言った、「シラタキを買ってきて。真っ白でなく、黒っぽいほうのを二袋ね」。

この美味しそうな匂いはシラタキか……。

私はカウンターの向こうで小さく動く、高峰さんの後姿を見つめていた。

二

高峰秀子は野生動物みたいな人だ。

最初に私がそう感じたのは、この人が病院というものに全く行かないことに気づいた時である。「生まれつき丈夫なんだね。それに小さい時から働いてきたから、そのせいもあると思うよ」と、本人はしごく簡単に片付けてしまうが、私はそれよりも、彼女の日々の暮らし方に大きな要因があると思う。

つまり自己管理である。スポーツ選手に限らず、主婦でも勤め人でも、仕事を持つ人間が健康を保つことは、ある種の責任である。病気をしたり怪我をするのは、生まれつきの持病や不慮の事故を除いて、全て本人に責めがあると私は思う。事故でさえ、本人の注意いかんで防げる場合がある。その証拠に、松山家の車は常に制限速度を守る。決してスピードを出さない。「霊柩車の如くゆるゆると走って下さい」と、日頃から夫妻が運転手さんにお願いしているからだ。約束の時間ぎりぎりに出るから、人は急ぐ、急ぐから事故を招く、忘れ物もする。第一、到着した時に平静さを失っている。私も取材時刻に遅れた時、そのことをイヤというほど思い知った。高峰さんはそれらを見越して、車がスピードを出さなくても、万が一渋滞や事故に巻き込まれても、約束の時間には絶対遅れることがないように、家を早目に出るのである。

この〝知性〟を失って、バタバタ駆けずり回っている人間の何と多いことか。私も含めて。そこには、善なるものを生み出す余裕などなく、逆の結果を引き起こす。

前回、高峰さんは五十年間の女優人生を無遅刻無欠勤で通したと書いたが、それを完遂させたのが甘えない精神であり、その中にはこの用意周到さも含まれている。そしてその精神を実現するために何より必要なのが、常に自身の心身をベストコンディションに保つこと。いくら「甘えるもんか、休むもんか」と頑張ったところで、大風邪でゴホゴホ言いながら職場に出てこられては、周りが迷惑だし、それを押し通すこと自体が甘えである。

自分の健康を維持することは、ひいては周りに迷惑をかけぬという、他者を慮ることでもあるのだ。

かつて高峰さんが言った。

「結婚して五十年。私は松山に何をしてあげられたかしらと考えると、何もないの。せいぜいあるとすれば、それは私が一度も寝込んだことがないということぐらい」

最大の夫孝行である。

この十数年、私が知る限り、高峰さんが風邪を引いたのは二度だけだ。二度目は確か三年前のお正月で、一度目より症状が重く、声も別人のようになった。どちらがどちらに伝染(うつ)したのか、夫妻揃って仲良く風邪を引いていた。夫の松山氏は病院に行き毎日薬を飲んで、それでも微熱がひと月ほど抜けなかった。だが高峰さんは病院にも行かず薬も飲まず、十日で完治させた。すごいと思った。

だが、もっとすごいと思ったのは、七、八年前、折れたあばら骨を病院にも行かず、半年で自然治癒させたことだ。これには驚いた。松山夫妻は三十年来同じ指圧師さんに週一度施療してもらっているのだが、ある時、いつものように高峰さんが押してもらっていると、胸の上部が「ペシッ」と小さく音を立てたそうだ。しかし格別痛くもないので、そのままにしていたら、息をする度にその部分がスースー言ったという。それでもやはり痛くないので普通に生活していたら、半年後にはスースーも消え、全く正常に戻

唯一、高峰秀子が〝甘え〟を見せられる人・松山善三と。
まるで映画のワンシーンのようだ。

ったとか。いくら高峰さんのあばら骨が細くてくっつき易いからと言って、やはりすごい話だ。

つまり、この人は自然治癒力が高いのだ。まるで野生動物が穴の中でじっとして傷や病を治すように。

野生動物は身体の不調など訴えない。誰かに治してもらおうともしない。ただ自分自身でできる限りのことをして、あとは天命を待つのだ。その潔さ——。

そして何より、高峰秀子の人生そのものが野生を生きている。

五歳の誕生日に実母を亡くし、その葬儀の翌日、叔母・志げによって攫われるように函館から東京へ連れて来られた。そして季節はたぶん初夏だったろうと本人は言う。鶯谷の借家で撮ったスナップ写真の中で、自分は半袖のワンピースを着ているからと。子役になった。いや、〝させられた〟。その日からこの人は、以後何十年にもわたり、その小さな身体で親を養い、十数人の親族を養い、顔さえ知らない彼らの子供達の学費のために自分は学校にも行けず働き続けるのだ。

東京に来て子役になるまでの短い間、子供を育てたことのない養母は、五歳の秀子に来る日も来る日も、あつあつのご飯に生卵をかけて食べさせたそうだ。

以前、その話をした時、私は高峰さんとこんなやりとりをした。

——まるで猫飯だね。

「ピチャピチャピチャ」

高峰さんがとぼけた調子で言うので、私は思わず笑ってしまったものだ。

「だから一年間だけデブに養ってもらった」

と高峰さんは言った。

――いや、東京へ来たのが誕生日のすぐあとなら、一年足らずですよ、子役になるまで。するとと高峰さんは、「そうだったか！」というように、珍しく強い調子で言ったのだ。

「人に食わしてもらったなんて一年もないッ」

私はひどく痛ましい思いがした。

白熊の子供でさえ、二年間、付きっ切りで親に世話をされ乳をもらい、獲物の捕り方から身の守り方から、全ての生きる術を教わるのだ。だがこの人は、たった一年足らずの〝子供時代〟を過ごしただけで、〝大人〟になった。小さな大人に。

高峰秀子は、野生動物みたいな人ではない。野生動物より、野生を生き抜いた人なのだ。芸能界という弱肉強食のジャングルの中で、一緒に遊ぶ友達も、喧嘩をする兄弟も、肉親の庇護もなく、五歳の時から文字通り一人で生き抜き、映画界の頂点に立った。そこに甘えのひとかけらでもあったら、現在の高峰秀子はない。

私は、高峰さんを見ていると、つくづくと甘えというものが人間に及ぼす害毒について考えてしまう。それは、私が高峰さんと正反対の育ち方をしたからだ。私は父にそれこそ舐めるように大事にされた。冬は洋服を七枚着せられ、布団を三枚も四枚もかけられ、頭の周りは「風が入るから」と分厚い掛け布団で囲われた。子供時代、私にとって、寝ることとは重苦しいことだった。魚の身も自分でほぐしたことがなく、メザシの骨まで除ってもらっていた。それでもすぐに喉に小骨が刺さり、何度も病院へ行った。当然虚弱になり、ジャンケンをすれば、肩がはずれた。一日中働かざるを得なかった母は、そんな父親のやり方を悲しそうに見つめ、「今日は冷やいき塾に行かんでもえい」「雨やき休め」と言う父親に、「そんなことしよったら、この子は何ちゃあ長続きせん子になる」と反対してみても、父は聞く耳を持たなかった。

そして私はこんな人間になった。

父親のせいにするのではない。もちろん今になれば父親を恨めしく思うが、しかしその甘やかしに安閑として、それを跳ね返そうとしなかったのは私だ。私自身の中の甘えにこそ咎がある。今、その父はボケて、死んだ母親になおもすがるように泣き言を言い、「あんなにしてやったのに」「わしはお前の犠牲になった」と私をののしり、私に仕事を捨てて田舎に戻って来いと言う。

子供を甘やかす親は、それが自分自身を甘やかしていることだということに気づかない。愛情とは束縛することではないということにも気づかず、やがて子供の人生を自分の所有物の如く錯覚するようになるのだ。そして甘やかされた子供は、生涯その甘えに足を引っ張られながら、何とか逃れようと苦しみ続けることになる。

人はよく「また、そんなに甘やかしてぇ」と言ったりするが、そこには苦言というほどの深刻なニュアンスはない。その証拠に、多くの日本人は「spoil」という英語を、「甘やかす」ぐらいの意味にしか記憶していないだろう。だが、辞書に出てくる「spoil」の第一義は、「……をいためる、傷つける、そこなう、ダメにする」である。実は非常に悪い意味をさす言葉なのだ。外国人の親のほうが日本人の親よりはるかに子供に対して厳しいことでも、その言葉への解釈の違いがわかる。だが本当は、日本人も子供に対して厳しい民族だったのだ。むしろ「spoil」などという英語を知る以前のほうが、日本人は子供を厳しく躾けていた。躾という美しいものが消えてしまったのは一体いつからなのか……。

十年前、私が初めてハワイの松山家に行った時、ビーチの散歩に私を伴ってくれた松山氏が静かに言ったことがある。

「自分のお尻を叩くのは、自分しかいないんだよ」

私は一瞬、喉元を清らかな水でも通ったような気持ちがした。そしてまもなく氏を自然に「とうちゃん」と呼ぶようになった。

人はなぜ甘えるのか。私には、すぐにその答えが言える。それは、〝楽〟だからだ。人は易きに流れる。だから会社の帰りに同僚と酒を飲み、上司の悪口を言い、同僚の陰口をきく。お茶を飲みケーキを食べながら、人の噂話に花を咲かせ、世辞を言い合って時間を潰す。それらの行動は実に楽である。互いに互いを甘やかし合って、自分を正当化することに何の努力も要らない。「あなたは間違っている」「私はそうは思わない」、そんな会話がそこに存在するだろうか？

世辞と愚痴の中から生まれるものはない。無駄である。

九月某日、曇り。麻布・松山邸。

門の外の落ち葉の中に蝉の死骸が転がっている。あの異常な猛暑も遂に終わった。

階段を上がると、踊り場の飾り棚に、首の長い李朝の壺が白く涼しげに立っていた。今日は六本木の花屋でトルコ桔梗を少しばかり買ってきた。花弁の半分ほどが藤色で、その花弁がひらひらと幾重にも重なり、ちょっと変わったトルコ桔梗だった。

「ちょうど良かった。お花がなかったから」

高峰さんが嬉しそうに言った。

――かあちゃんは子供の時から一人で甘えないで生きてきて、苦しくて仕方がないと思ったことはないですか？

「ないよ」

――今が踏ん張りどころだ、我慢のしどころだなんて思ったことはない？

「ないよ(笑)。バカバカしい」

高峰さんのこんな笑い方を初めて見た。いかにも情けなさそうな笑顔だ。

そして恐る恐る聞いてみた。

――初めてハワイから手紙をくれた時、書き出しに「甘ったれの明美さんへ」と書いてあったのを今でも覚えてるんですが、やはり私が甘えた人間だというのはすぐにわかりましたか?

「うん!(甘ったれで)どうしようもない。ビックリしちゃった」

――自分は決して人に甘えないけど、甘ったれの人間を糾弾しないんですね?

「人は人だからね」

これが高峰秀子である。

本当に優れた人間は、自分にできることを人ができなくても、その人間を見下したり責めたりしないのだ。こうしろと強制もしない。それでいて、高峰さんはあまりにも多くのことを教えてくれる人である。

――今しなければいけないことを今しなかったことはないですか?

「ないね」

――信じられない……。

「♪し〜んじられないの〜」

鼻歌を残して、高峰さんは台所に立っていった。

私はふと思い出した。あれは何年か前、夕飯のあとだったと思う。松山氏が食卓を立って、側の納戸に入った。少しすると高峰さんが呼んだ、「善ちゃん」。そんな呼び方をするのを初めて聞いたので、私はちょっと驚いた。返事がないので、また高峰さんが呼んだ、「善ちゃんってばぁ」。夕食の時は少しお酒が入るせいもあるが、明らかに高峰さんは夫に甘えていた。「何ですかッ」。私がいるからきまりが悪いのか、松山氏は納戸の中からわざと怒ったような声で答えた。「何してるのぉ?」、高峰さんが言った。私は妙に嬉しかった。安心しきっている高峰さんの姿が嬉しかったのだ。

〝甘えない〟とは、自分に甘えないことなのだ。自分に厳しいことなのだ。

そのことを、松山善三と高峰秀子という人はよく知っている。

二人は、これほど私の近くにいるのに、はるか彼方の存在なのだ。

藤色のトルコ桔梗が、私を笑っているように、小さく揺れた。

変わらない

誰でも一度や二度は、「自分を変えたい」と思ったことがあるのではないだろうか。私は何度もある。そして「人間は変われるものだ」という。だが、曰く「三つ子の魂百まで」「バカは死ななきゃ治らない」。

たいてい諺や格言には一つのテーマについて相反する二つの表現があるもので、「人を見たら泥棒と思え」と言いながら「渡る世間に鬼はない」、「好きこそものの上手なれ」と言う一方で「下手の横好き」……。一体どっちなんだよ。

だがこの頃思うようになった。たぶんそれらは両方ともそれぞれに当たっていて、古人は、物事の真理には二つの面があって、それをどちらに解釈するかは本人次第だと言いたいのではないかと。

そして少なくとも今現在、私が自信を持って断言できるのは、「人間は悪いほうには簡単に変われる」ということである。ダイエットと同じだ。無駄な贅肉を落とすには何カ月もかかるが、太るのは一晩で太る。良い習慣をつけるのは難しいが、悪癖はすぐ身につくのと似ている。つまりそれほど人間とは本来弱い動物で、放っておけば際限なくダメになるのだ。良いほうに変わるのは難しい。そしてもっと難しいのが、良い状態を保つことだ。

私の言う「高峰秀子は変わらない」というのはそういう意味である。常に良い状態を保ち、極めて高い水準を維持している。

それは彼女の日常のあらゆる局面に現れていて、まずわかり易いところで言えば、高峰秀子は相手によって態度を変えない。そういう人は滅多にいない。

普通、人が態度を変えるのは、相手の身分や立場による場合が殆どだ。私は三度立場が変わったから、イヤというほど経験した。高校教師をしていた時、テレビの構成作家だった時、『週刊文春』という雑誌の記者をしていた時。結論から言うと、教師をしていた時が一番丁重に遇された、二十代の小娘だったにもかかわらず。やはり「学校の先生」というだけで世間の覚えがいいらしい。

そして構成作家の時、肩書きも何もない住所と名前だけの名刺を出した私に「ふん」と言わんばかりの態度をした著名人が、数年後、「文藝春秋」「週刊文春」という印刷の入った名刺を出すと、「これはこれは」と言わんばかりに態度を変えた。もちろんその人は構成作家時代の私に会ったことを覚えていない。だがこちらは覚えている。だから鼻白んだ。これが同じ人物の態度かと、笑いたくなったほどだ。そういう人が何人もいた。

人間は肩書きに弱い。ある女優など雑誌のグラビア撮影の時、怒り出した、「なんで編集長が来ないの！」と。「私がグラビアに出てあげるんだから、その辺のペエペエじゃなく、エラい人間が現場に来るのが当たり前でしょ」という論法だ。そして出てきた編集長にベタベタ媚びた。

だが、えてして世間とはそういうもので、その女優は愚かだが、正直だと言えなくもない。本音を隠さなかっただけ。

隠そうとして露見するのが一番困る。私は「文藝春秋」の名が入った名刺を持ってはいても、正社員ではなく契約社員だったのだが、仕事を通して親しくなった著名人や芸能人に何気なくそのことを言うと、面白いことに相手は皆、申し合わせたように同じ態度を見せた。「あ、そうなんだ」「そうなの……」と、努めて平静を装ってはいるが、そこには明らかに失望と懐疑の色が見てとれた。つまり〝引いた〟のだ。親しかった度合いが強ければ強いほど、その引き方は大きかった。だからいつからか、私はいくら相手が親しくしてくれても、自分の正確な立場は口にしないようにしていた。

だが、松山夫妻にだけは言っておかねばならないと思った。二人は既に私には大切な存在になっていたから、このまま黙っていては何か騙しているようで疚(やま)しいと思ったのだ。

今でも鮮明に覚えているが、十三年前の夏、初めてハワイの松山家に行った時、夜、豆腐の入った素麵が置かれた食卓で、私は思い切って言った。「あのね、私は文藝春秋の正社員じゃないの。契約社員なの」。二人の顔を見るのが怖かった。かつて何人かの

かつての自宅で、40 代の頃。
この平安に満ちた面差しは、今も変わらない。

人が見せた〝あの表情〟が蘇ったからだ。

「それがどうしたの。さ、食べなさい」

高峰さんは私の皿に小さく切った白い豆腐をおもちゃのような網で掬い入れながら、こともなげに言った。

「何を深刻そうに言うかと思ったら、バカじゃないか、お前は。だから本当にフリーになった時、ちゃんとしたものが書けるようになってなきゃいけないんだよ」

松山氏が呆れたように、だが優しく言った。

あぁ、この人達に出逢えてよかった。私は涙が出そうになった。そして心の中で、夫妻に頭を下げた。

それから数年後、ある出版社で高峰さんの写真集を作ることになった。私は「私人としての高峰秀子」について原稿を書くよう依頼され、その打ち合わせをすることになったのだが、その時、高峰さんが言った。

「編集長は現場の進行状態を知りません。編集者のHさんという人がいるから、その人に会って打ち合わせをしなさい。あの人が何百枚というスチールも全部一人で集めて、何から何まで把握してます。とても一所懸命やってくれる人です」

その人はフリーの編集者だった。

そしてもう一人のスタッフが、やはりフリーのデザイナーで、その人のことも高峰さんはこんな風に言った。

「表紙に使う文字の大きさや色を決める時、打ち合わせをするホテルに、重いのにライトビュアー（写真のフィルムなどを見るための、内部に灯りが点く台）まで持ってきて、『この色は如何ですか?』と短冊の色見本を見せるの。私が『ちょっと濃いわねぇ』って言うと、『では、これでは如何でしょう?』。また私が何か言うと『ではこれでは?』『これでは?』と、次から次へサッと色見本を出すのよ。無駄なことは一切言わない。感心しましたねぇ。プロですよ、あの人は」

そして素晴らしい写真集が完成した。

さらに半年後、高峰さんが珍しく舞台の脚本を書き、それが明治座で上演されることになった。そんなある日、高峰さんが夕飯を食べながら言ったのだ。

「かあちゃんね、あの二人をご招待しようと思うの」

「あの二人って、誰?」、私は聞いた。

それは、写真集を作った時のフリーの編集者とデザイナーだった。

私は感動した。もう半年も経っていて、以来、二人のことが話題に出たことはないし、もちろん会ってもいない。私など、失礼な話だが、二人の名前さえ忘れていた。

だが、高峰さんはちゃんと覚えているのだ。高峰秀子とはそういう人である。いい仕事をしてくれた人、労を惜しまず働く人のことを決して忘れない。

高峰さんは電話をかけた。「奥様もご一緒に。ご都合の良い日をおっしゃって下さい」。二人の感激ぶりは、言うまでもない。

だが、編集長は招待しなかった。

「私はあの二人と仕事をしたんだから」

そう、高峰さんは言った。

人はよく高峰さんのことを「怖い人だ」と言うが、その通りだと私は思う。それは、人間を肩書きや地位で見るのではなく、裸のその人そのものを見るからだ。相手が若かろうと無名だろうと、関係ない。彼女にとって大切なのは、何者かではなく、〝どんな人間か〟なのだ。

出逢ってから十五年、高峰さんは少しも変わらない。むしろ私のほうが、変わった。言葉遣いもぞんざいになり、図々しく甘えるようになった。

恥ずかしい話だが、一度、高峰さんにある事で注意された時、私がこんな風に聞いたことがある。

「かあちゃん、怒ってる？　もう私のこと、嫌いになった？」

その時、台所の流しでサニーレタスを洗っていた高峰さんが、静かに、だがきっぱりと言った。

「あんたは何かって言うとすぐに好きだの嫌いだのって言うけど、私達は、簡単に人を好きになったり嫌いになったりはしません」

まるで禅僧に警策で肩でも打たれたような思いがした。そして、いつにも増して、自分が小さな小さな、ガキに思えた。

高峰秀子は、変わらない。決して翻意しない。前言を翻すこともない。「NO」とひと言ったら最後、絶対に覆らない。その逆も同じだ。不動の価値観を持っている。

私は時々、この人を見ていると、弓の名人を思い出す。的をひと睨みするや、片端からビシッビシッと、一つも外すことなく、中心を射抜いていく射手。

だが、最初から名人だったのだろうか……。

十月某日、晴れ。麻布・松山邸。

「困るねぇ。こう気温の差が激しいと」

カシミヤのセーターに身を包んだ松山氏に迎えられながら、私は思い出していた。以前、高峰さんから聞いた二つの出来事を。

邸内はいつもと変わらず、清められたように森閑としていた。

――確か、かあちゃんがまだ十代の頃、映画『小島の春』（昭和十五年東宝作品）で杉村春子さんの演技を観て、目を見開かされたという話を前にしてくれましたね？

「うん。十五、六の時かな。あの映画はハンセン病患者の話で、夏川静江さんが主役だった。杉村さんは患者の役で、最後にちょっとだけ出てくるの。病気だからあまり顔を見せたくないという設定で、洗濯物を取り込むシーンだった。だから後姿と声だけで芝居するんだけど、感心した。その後で、作品は忘れたけど自分が出た映画を観たら、声がなってないのね。モゴモゴモゴモゴ言って。自分が如何にダメな女優だったか、わかった」

そして声楽家の奥田良三と長門美保に付いて発声練習を始めるのだ。

――終戦間際に『アメリカようそろ』の撮影をしていた時、山本嘉次郎監督に言われたことも一つの転機ですよね？

「そうね」

館山のロケ先で、いつ警戒警報が鳴るやもしれず、撮影隊は待機状態。二十一歳の高峰秀子はメイキャップをしたまま、宿泊先の旅館の縁側で所在なげに腰掛けていた。その時、山本監督がフラリと現れる。「デコ、一人で何を考えてた？」「別になんにも」「デコ、つまんないかい？」「つまんない」。すると山本が言うのだ。「そうかなぁ……。例えばさ、ホラ、あの松の木を見てごらん。なぜこっち へ向かって曲がってるんだと思う？」。秀子が黙っていると、「たぶん海のほうから風が吹くんで自然に曲がっちゃったんだよ」。そして言ったそうだ。「普通の人でも、タクワンは臭いと思うだろう？　でも俳優は普通の人の二倍も三倍も臭いと感じなきゃいけないんだ。何でもいいから興味を持ってごらん。なぜだろう？　どうしてだろう？　って……。考えるっていうのはワリと間が持つよ。そうすると世の中そんなにつまんなくないよ」

高峰の少女時代の代表作『綴方教室』や『馬』を撮り、高峰が「私の映画の父」と尊敬する山本嘉次郎とは、こんなことが言える人物だったのだ。

「眼からウロコが落ちた気持ちがした」

高峰さんの著書『わたしの渡世日記』にその時の彼女の心境が詳しく書かれている。

山本嘉次郎がその場を立ち去った後である。

〈私は、山本嘉次郎の残していった言葉を反芻していた。やがて、火の玉のように熱い「恥」が、ゆっくりと私の喉もとへ這い上がってきた。思えば十三歳で東宝映画へ入社して以来八年余、私は年間六本から八本の映画の全作品に全力投球をしてきたわけではなかった。中には「こんなもの……」と、気の進まない仕事もあった。そんなとき、私は適当に手を抜いた。それは、まだ西も東も分かっちゃいない、若さだけが売りもののチンピラ女優、私の思いあがりであった。なまじ人気があるだけに、私には親身になって忠告してくれたり、ブレーキをかけてくれたりする知人や友人はいなかった。

山本嘉次郎にとって、私の日々が退屈しようと、しまいと、全くカンケイのないことである。松の木やタクワンの話にかこつけて、彼が私に言いたかったのは、どうせ役者になるなら「プロになれ」という一言だったのだ。私がプロになろうとなるまいと、それも山本嘉次郎個人にとっては一文の得にもならぬ、カンケイないことであった。それなら「プロになれ」という言葉は山本嘉次郎のいったいどこから出たのだろう? それは、私という人間に対する親切、思いやり、人間的な愛情にほかならない。私は素直に、ありがたいと思った〉

高峰さんは言った。

「役者っていうのは少しずつ上手くなるんじゃなくて、何年かごとにパッパッと飛躍していくもんなんだね。その二回だったわけだ、私の場合は。その二つの事がね」

十五歳で「自分はダメな女優だった」と感じる高峰秀子。山本嘉次郎のふとした示唆で「恥」を痛感した二十一歳の高峰秀子——。

チャンスは誰にでもある。それを転機にできるかできないか。それを決めるのが、人間に唯一、他の動物と違って与えられているもの、感性ではないだろうか。では、その感性を裏打ちするものは……。

と、その時、高峰さんが重要なことを言った。

夫が結婚１年目に腎臓結核で
入院して以来続く妻の口述筆記。

結婚

「私の映画人生の一番底にあるものは、〝信用〟ということですね。その役者が出ている映画を観る時、観客が『アイツが出る映画なら大丈夫だ』という気持ちになってくれる。それが一つの信用でしょ」

これが、前回、高峰さんが言った「重要なこと」である。

そして、

「私が今こうして生きていられるのも、そうやって私の映画を観てくれた人達や、私が書いた本を読んでくれる人達のお陰ですよ。信用してるから、私の本も読んでくれるんだし。人間、生まれて死ぬまで、とにかく大事なものは信用です」

私は内心で「あッ」と思った。数多いる女優の中で、その映画人生の根底に信用というものを据えてきた人が、一体何人いるだろう。高峰秀子は「人気」と「信用」がいかに似て非なるものか、よく知っているのだ。

やはりこの人はただ者ではない。

だが考えてみれば、私は彼女が「信用」という言葉を口にしたことに驚きながら、私自身が〝高峰秀子の信用〟の多大な恩恵にあずかり、その大きさを心底痛感していたことを忘れていた。

それは、この連載にしてからがそうなのだが、最も顕著なのは、私が著名人にインタビュー取材をする時だ。

高峰さんに「今度○○さんに取材するよ」と言うと、彼女は自分が好意を抱いている人の場合は必ず「よろしく言ってね」と、何かその人への伝言を私に託してくれる。そんな相手は決まって各界の重鎮やベテランである。

その伝言の効き目たるや、凄い。取材が始まる前、私が「あの、突然ですが、高峰秀子さんからご伝言があります」と言うと、皆「えッ、どうして、あなたが？」と驚きながらも、映画界の巨匠は「はい」と言って居ずまいを正し、あるベテラン女優はソファから腰を浮かせた。私のほうがびっくりした。大監督が居ずまいを正した……と。そして少し落ち着いたところで、皆一様に「高峰さんはお元気ですか？」と尋ね、彼女からの伝言を喜び、また彼女との思い出を語るのだ。お陰様で、私はどれほど実りのあるインタビューをさせてもらったことか。つまり、ありていに言えば、相手は「あの高峰秀子が親しくしているのだから、怪しい奴ではないらしい」と、取材者の私に心を開いてくれるのだ。

彼らの反応は、単に大女優への敬意などという枠を超え、明らかに高峰秀子という人間への畏怖だった。高峰秀子がどのような姿勢で五十年の女優人生を歩んできたか、その生き方が、彼ら一人一人の態度に、まるで鏡を見るように映し出されている。私は、〝高峰秀子の信用〟をまざまざと見た思いがした。

高峰さんは二十六歳の時、心の内であることを決めた。小津安二郎監督の『宗方姉妹』を最後に、当時所属していた新東宝を離れ、フリーになった昭和二十五年のことだ。

それは、

「ドンパチ、エログロ、ナンセンスの映画には出ない」

もっとも、それまでも高峰秀子にはその類のオファーはなかったが、何しろ十数人の親戚の生活がのしかかる身としては、自分の気に入る作品にばかり出ているわけにもいかなかった。だからせめて映画会社の義理に縛られない立場になった時、できるだけ自身が納得できる作品に出たいと思ったのだ。高峰秀子の代表作と言える名作がその二十六歳以降に集中しているのは、そのためである。

この決意にも、高峰秀子の、〝信用〟というものへの深い思いが窺える。

最近、老舗と呼ばれる食品会社や企業の不祥事が相次いでいるが、彼らは明らかに信用の意味を忘れた。信用とは、得るには気の遠くなるほどの時間と努力を要するが、失うには一夜もかからないということを。

役者も同じだ。たった一度の不始末で、それまでの実績を失うことがある。もっとも、何の芸もなく端からスキャンダルを売って口を糊しているタレントは論外だが。

昭和30年3月26日、朝、高峰邸で。
これから式場に向かう2人。
映画の中とはまた違う素顔の高峰秀子と、
松山青年の幸せ溢れる顔。

かつて高峰さんが言った言葉に全てが集約されている。

「自分の好むと好まざるとに拘らず、人に名前や顔が知られるようになってしまった人間には、社会に対して責任があります」

私はこれまで千人以上の著名人に取材してきたが、こんなことを言ったのは、後にも先にも女優・高峰秀子、ただ一人である。

これが、五十年、銀幕でトップを張ってきた人の言葉だ。信用とは責任なくしてはあり得ないということを身をもって示した大女優の言葉である。

だがその高峰秀子が五歳の時から五十年続けた女優業よりさらに長く、信用の上に築き上げ、現在も立派に維持していることがある。

まもなく五十三年になろうとする、結婚生活である。

昭和三十年三月二十六日、一組の男女が結婚した。

花婿は、松竹の木下(惠介)組で助監督を務めていた青年・松山善三、二十九歳。そして花嫁は、既に大女優として磐石の地位を築いていた三十歳の、高峰秀子である。

「どんな教育をすれば高峰さんのような人間ができるんだろう……」。今は亡き作家・司馬遼太郎が呆然として呟いた言葉のように、高峰秀子という人は、何事に対してもあまりに聡明である。だが私は、その彼女の生き方の中でも、〝結婚〟という人生の一大事における彼女の態度が、一番好きである。そこには〝女優だから〟というエクスキューズや、自分を特別視する態度が、微塵もない。当たり前の一人の女として、人生を極めて真摯にとらえている様子がわかるのだ。

まず第一が、何をもって相手を選んだかという点。

当時、女優・高峰秀子のギャラは、映画一本百万円、映画界で最高のギャラだった。時の首相・吉田茂の月給が四万円だったことから推せば、どれほどの大金を稼いでいたかわかるというものだ。普通、そんな大女優はどんな相手を選ぶか。当然かなりの資産家を望むはずだ。実際、そんな例ばかりだ。でなければ、「私は八百屋の店先に並んでる一山いくらのリンゴやミカンとは違うのよ。高い棚の上で桐の箱に入れられてるメロンなのよ」と、お高く止まっているうちにそのまま腐ってしまうか。この例も山ほどある。

だが高峰秀子は、そのどちらでもなかった。私はここが好きなのだ。だからこそ高峰秀子はただ一人、ジンクスを破り得た。「大女優は私生活で幸せになれない」というジンクスを。

――三十歳になったら結婚したいと思っていたそうですね？

「うん」

――それは、なぜ？

「なぜってこともないけど、二十五ぐらいからそう思ってた。三十までには結婚できたらしたいなと。やめたかったからね、女優を」

——なぜ「三十歳」と？

「だって、あんまり年取ってバアさんになってからよりも、三十までのほうがいいでしょ。それでも当時の三十って言ったら、オバハンだよ」

——そしていよいよ三十歳が近づいてきました。いい人はいないかなぁと気をつけて周囲を見回してましたか？

「別にそんなことしない。あくまで、もしもいい人がいれば、ということでね。とにかく一番大事なことは、仕事をやめたいってこと」

——よほど女優をやめたかったんですね？

「そ」

——松山善三という人を初めて知ったのはいつですか？

「それは『カルメン故郷に帰る』の時。浅間山の麓の観水楼って旅館に逗留しながらロケをしてたんだけど、ある日、私の部屋で木下さんと打ち合わせをしてたら、襖の向こうから『失礼致します』って声がして、すうっと襖が開いたら、『先生、お客様がおみえになりました』って男の人が廊下で手をついてた。木下さんが『はい、はい』って言うと、また襖がすうって閉まって、行っちゃったの。それまでも松山は木下さんの助監督をしてたけど、遠くのほうで画面に小さく映る牛を追ってたりしてたから、私は全然知らなかったの。で、行っちゃった後、『あの人、だぁれ?』って木下さんに聞いたら、『あれはね、松山君って言って、僕の口述筆記をしてくれてる人なのよ』って。ほんの一瞬だったし、私は近眼だから、ろくに顔も見てない。でも礼儀正しい人だなと思った」

――初めて口をきいたのは?

「だから、ホラ、車に乗せてあげた時よ。大船撮影所から帰る時に、横浜駅まで」

それは昭和二十六年の『カルメン故郷に帰る』から三年後、大船撮影所で『女の園』を撮っていた時のことだ。撮影所から大船駅まではまっすぐな一本道で、スタッフは皆その道を歩いて往復していたという。

(今回、松山氏には、あえて自宅ではなく別の場所でインタビューした)

――「乗っていきませんか?」と高峰さんから言われた時は嬉しかったですか?

「そりゃ、そうさ。運転手の松島さんがきちんと外に出てドアを開けてくれましたからね」

――車の中ではどんな話を?

「当時、僕は黒澤(明)さんの『酔いどれ天使』を観て大感激してたから、その話ばっかりしたと思うね」

――高峰さんは何と言いましたか?

「覚えてないなぁ……。僕だけが夢中で喋ってたんじゃないかな」

　だが実は、高峰さんが車に乗せたのは彼だけではなかった。高峰さんは親切な人なので、愛車・ポンティアックで帰路につく時、駅に向かう道を顔見知りのスタッフが歩いていれば、〝誰でも〟乗せてあげたそうだ。大道具さんでも、結髪さんでも。

「だから、前に君が『高峰秀子の捨てられない荷物』を書いてる時、高峰から聞いたからってそのことを言うまで僕は知らなかったですよ。二、三度、乗せてもらいましたからね」

――自分だけだと思ってた？

「そう。それで僕が降りた後、松島さんが高峰に『お嬢様、あのような方はお乗せにならないほうがよろしいかと存じますが』って言ったんだろ（笑）」

――アハハハ……そうです。ところで、先生は神奈川県立横浜第三中学時代から高峰さんのファンで、ブロマイドを持っていたそうですね？

「うん。『希望の青空』（昭和十七年）という映画で初めて彼女を観て、あれは冒頭から彼女が『ごめんなさーい』って言うシーンがいくつも続くんだけども、その『ごめんなさーい』がとても魅力的だった。そしたらその少し後、映画好きの友達がブロマイドをたくさん持っていて、その中に高峰のものがあったから、貰ったんです」

　だが、だからと言って松山氏は高峰秀子に会いたくて松竹大船撮影所に就職したわけではない。全くの偶然だった。氏は旧制中学を卒業すると、岩手医専（現・岩手医科大学）に進学するのだが、人体解剖に耐えられず、二年で中退。ために父親に勘当され、職を転々、神田の小さな出版社に入る。そこにいた先輩の田子という人物が脚本家志望で、松竹に新設されたシナリオライター養成所を受験する際、「一人じゃ心細いから、一緒に受けてくれ」と、無理やり松山青年を誘う。そして田子氏が落ちて、松山青年が受かってしまうのだ。

「僕は映画界には興味がなかったから、高峰がどこの映画会社に所属してるかなんて全然知らなかったんです。ただ、小説家になりたいなとは思ってたから、書くことは嫌いじゃなかったけどね。でも脚本がどんなものかも知らなかったですよ（笑）」

——その意味では、田子さんが先生の運命を決めたわけですね？

「そうだねぇ。彼はその後まもなく結核で死ぬんですよ。僕はその死に際に立会いましたけど……。本当に可哀想だった」

そして松竹の助監督となり、習作として書いた脚本が木下恵介の目に留まり、木下組に誘われるのである。

「忘れちゃった」と言って、二人とも語ってくれなかったが、恐らく車に乗せた乗せてもらった以外にも、二人の間には好意を交わす機会があったはずだ。でなければ、松山青年の暴挙はあり得ない。

小豆島で『二十四の瞳』を撮影している時、何と、彼は、師匠の木下監督に「高峰さんと交際したい」と宣言するのだ。

――なぜ木下先生に言ったんですか？　黙って交際してもいいのでは？

「コソコソするのは嫌だから。きちんと先生に認めてもらおうと思ったんです」

　ここが清廉な松山氏らしいところだ。

――木下先生は何と言いましたか？

「びっくりしてましたね（笑）。何て言ったか覚えてないなぁ……。ただびっくりしてた」

　せっかちな木下は、さっそく翌日、逗留していた旅館の食堂に高峰秀子を呼んで、

〈「松山君がね、秀ちゃんとつき合ってみたいんですって」

「……」

「人間はボクが保証します。彼は将来必ず立派な仕事をする人間だと、ボクは信じているんです。つき合ってみてくれませんか？　松山君と」

私はただボンヤリと木下惠介の顔を瞠めていた。どう答えたらいいのか分からなかった。木下惠介はとつぜん大きな声を出した。

「ごめんなさい、こんな話をして。バカバカしいと思ったら忘れて下さい。スターの秀ちゃんに、助監督さんとつき合えなんて、こんなこと言う人いないよね。バカバカしいよね、全く」

（中略）

　部屋に戻った私の耳に、まだ木下恵介の言葉が残っていた。

「なるほど、スターと助監督か……。でも助監督であろうと小道具であろうと、そんなことは関係ない。一人の人間とつき合うだけではないか。木下先生は一人でテレていたけれど、ちっともバカバカしくはない」〉

『わたしの渡世日記』より

前回書いたように、高峰秀子は、立場や地位などで人間を見ない。

そして次の日、撮影が終わって、ロケバスが旅館へ帰りついた時、

〈私は宿の玄関先で靴を脱いでいる木下恵介に呼びかけた。

「木下先生」

「？」

「昨夜の話ですけど、考えました。つき合ってみます」

　木下恵介の顔がパッと明るくなった〉

（再び、高峰さんへの質問）

――それらしき候補として、松山先生の先輩に当たる、当時ファーストの助監督だった川頭義郎さんという人物もいたそうですね？

「そうね。川頭さんも働き者で優秀な人でしたよ。でも川頭さんの実家は大変なお金持

ちだったの。なぜ知ってるかと言うと、私の付き添いをしてたお手伝いさんがいろんな情報を持ってくるのよ。川頭さんはお金持ちの息子さんで、銀座や辻堂に土地があって、新橋のガード下のお店の権利を全部持ってるそうですよって。片や、松山さんは貧乏で、農家の納屋の二階に下宿して、ラーメン食べるだけが楽しみだそうですとかね（笑）。私は散々お金で苦労してきたから、そういうお金持ちの所へ嫁に行くのはヤダなと思ったの。それに男の人は職場で見ると一番わかる。川頭さんも真面目で働き者だったけど、どこか坊ちゃんの働き方だった。でも松山はもうガツガツ働いてた、人の仕事を取るほど。だから結婚した時、脛毛が一本もなくて、脚がツルーンってバナナみたいだったの（笑）。木下先生からお下がりのサッカー地のズボンを穿いていつも撮影所を走り回ってたから、脛毛が擦り切れたって。だから結婚してずっと机にかじりついて脚本ばっかり書くようになったら、すぐフサフサ生えてきたよ。本当に凄く働き者なの、とうちゃんは」

小豆島で撮影中、木下は気を利かせて「松山君、秀ちゃんをボートに乗せてあげなさい」と言うのだが、何も知らないスタッフが「あ、じゃあ僕らも」とボートを繰り出し、「松山君、秀ちゃんをロードショーにでも連れていってあげたら？」と言えば、またまたスタッフが「じゃ、僕らも」と映画館へ……。

――初めてデートしたのはどこで？

「小豆島ではそんな具合でダメだったから、東京へ帰ってからですね。私がいつも行ってた銀座のフランス料理店シドで食事をした。いつもその店で会ったの」

――確か、そこで松山先生をいいなと思うんですよね？

「うん。ナイフやフォークがたくさん並ぶでしょ。そしたら『先に食べて下さい。僕、真似します』って言ったの。その時、なんて素直な人だろうと思った」

「妙なゴシップ扱いをされては困る」と木下は二人と相談して新聞各社に電話した、「もしもし、こちらは大船の木下ですが、今、僕の助監督の松山君と、高峰秀子さんを婚約させましたから。では急ぎますので電話を切ります」。新聞社ではいたずら電話かと思い、記者達は半信半疑で高峰の家に駆けつけた。自宅はみるみる選挙事務所のような騒ぎになり、婚約記者会見となるのだ。

　昭和三十年二月二十五日。それは、高峰秀子が、伴侶となる松山善三だけに「この作品を最後に引退する」と伝えて挑んだ最高傑作、『浮雲』が封切られて四十日後のことである。これが、皇室以外で著名人が婚約発表をした第一号となった。

　そして三月二十六日。挙式は三宅坂にあった進駐軍専用のチャペルセンター。新郎新婦の他には仲人の川口松太郎・三益愛子夫妻と木下惠介、そして浜口牧師だけ。その後の披露宴は、初めて二人がデートした銀座のシド。招待客はわずか三十人だった。

――大スターの披露宴にしてはあまりに少ない招待客ですね？

「ハデハデしい結婚式や披露宴はしたくなかったし、それにお金がなかったからね」

映画界で最高のギャラをとっていた大女優が、その時、六万五千円の貯金しかなかったのだ。養母・志げが娘の稼ぎを湯水の如くに使い、親戚にばらまいていたからだ。

「進駐軍のチャペルは、バージンロードに敷く白い布の洗濯代百三十円だけしか要らなかったの。でもシドを借り切ったから、場所代やお料理にお金がかかるでしょ。だから私は川口先生から、松山は木下さんから、それぞれ二十万円ずつ借りたんです。でもアメリカ人の友達にナイロンの一番安いのでいいってウェディングドレスを頼んだら、絹の一番高いのを送ってきちゃって、二十万もした。そのお金がないから、また東宝から借りて」

早く見たいなぁと思いながら話を聞いていた、高峰さんが食卓の上に出しておいてくれていた古いアルバムを、私は開いた。

「ワー、綺麗だねぇ!」、思わず私は声を上げた。挙式の写真は何度も見ている。それではなく、結婚式の朝、まだ〝高峰邸〟だった自宅で、高峰さんが花嫁の支度をしている姿、側で微笑みながらそれを見ている松山青年……二人のなんと若々しく、美しいこと。そして教会で誓いの言葉を述べる二人、シドで招待客に囲まれている二人、列席した人々、笑顔、笑顔、笑顔……あまりに美しく、温かな写真の数々だった。

「シドには三十人しか入らなかったから、選ぶのが大変でしたよ」

本来なら千人以上招んでも不思議ではない大スター高峰秀子の披露宴の客を、三十人に絞ったのだ。女優は田中絹代、越路吹雪、山根寿子だけ。成瀬巳喜男、藤山愛一郎、梅原龍三郎、池島信平、扇谷正造……そして松山家からは両親と末妹、高峰側の親族はデブ、じゃなかった、養母・志げ。

「結婚式の朝、お父ちゃん（実父）が紋付でうちへ送りに来てたけど、披露宴には来なかった。デブが来るなって言ったんだと思う。でなきゃここ（写真の中）にいるはずだもん」

そういう人だったのだ、養母は。

「ヤァねえ、こういうことするのよ、シャシャリ出て」

高峰さんの曇った表情の先には、その養母が写っていた。親族の席は隅に設けられていたにもかかわらず、藤山愛一郎や梅原龍三郎のテーブルでお辞儀している。フルショットで初めて見たが、本当に太って背の低い人だ。これらのスナップは、東宝のスチールマン・秦大三（プロデューサー秦豊吉の弟）が朝早くから来て全部撮ってくれたそうだ。

特筆すべきは、このたった三十人の招待客の中に、津村秀夫、井沢淳、谷村錦一など、映画評論家が四、五人も入っていることだ。

「私は普段から批評家の人達にはあえて近づかないようにしてたけど、結婚したら女優をやめるつもりだったから、お礼というか、サヨナラの意味で、この中に押し込んだの。

だから招ばれたほうはビックリしたと思うよ。でも結局、すぐには女優をやめられなかったけどさ」

松竹、東宝のそれぞれの撮影所長が入っているのも同じ理由だ。

この考えに考えた人選に始まり、日程と場所決め、引き出物選び、ウェディングドレスの調達……花嫁は何から何まで全部、準備を一人でやったという。

「普通、花嫁さんって式場で何も持たないもんだけど、私は小さなパーティバッグを提げて、中にお店の人達にあげるポチ袋入れてたりしてね(笑)」

(一方、松山青年は)

「僕は交際してた時に、川口先生をはじめ、藤山愛一郎さんとか扇谷正造さんとか、偉い人に紹介されるし、もう物事がどんどん進んでいって、タキシードも着せてもらって、生まれて初めて着たよ。とにかく何が何だかわからないうちに、ただウロウロして……」

——婚約発表した後、撮影所の仲間に冷やかされたでしょう?

「婚約した後、もう撮影所には行かなかったからね。木下先生のお宅に二人で伺った時、スタッフが全員集まっていて、尾頭付きでお祝いしてくれたのが仲間と会った最後ですよ」

——じゃ、文字通り、〝寿退社〟?

「そうだね（笑）。婿さんになる準備」

そして披露宴の後、新婚旅行に行く時間もお金もない二人は、帝国ホテルに泊まる。当時の犬丸社長がロビーで恭しく二人を迎え、支配人が部屋に案内してくれたそうだ。

「新築なったばかりの一階のスイートでしたね。支配人が『こちらに果物が、そして水割りが……。お休みなさいませ』と部屋を出ていって、僕は窓から外の夜景を見てたんです。そしたら、後ろで高峰の『ワァーッ！』っていう、凄い泣き声がしたの」

二

銀座のフランス料理店「シド」で招待客三十人だけの披露宴を終えた新郎新婦は、その夜、新婚旅行代わりに帝国ホテルに泊まった。案内してきた支配人が部屋を出て、二人きりになった途端、花嫁は号泣した。

一体、何が高峰秀子をそうさせたのか――。

ここまでが、前回のお話。

夫・松山善三氏が当時を語る。

「ホッとしたのと嬉しさと、いろいろな思いがあったんじゃないかなぁ……。でも、とにかく僕はびっくりしましたよ。いきなり『ワァーーッ』っていう凄い叫び声がして、振り向いたら、高峰がウェディングドレスのままベッドに倒れ込んで泣いてるんだから」

高峰さん本人に聞いてみよう。

——なぜ松山先生が驚くほど号泣を？

「疲れちゃったのよ。式場の手配から披露宴の準備、何から何まで全部一人でやったから」

おまけに式場のチャペルには報道陣がなだれ込み、大きな花立てが倒されて、仲人の川口松太郎夫人（女優の三益愛子）は頭から大量の水を被って、高価な着物の刺繍がチリチリに。そしてその後シドに持っていくはずだった花々は一本残らずファンによって持ち去られ、まさに挙式後の教会は、惨憺たる有様だったという。「私達は何も悪いことはしていない。なのにどうしてこんな目に……」。花嫁は気の休まる暇もなかったのだ。

——だから一気に緊張の糸が切れてしまったんでしょうが、それでも、普段は号泣するなんてあり得ない高峰さんが、夫となった人の前でそれだけ泣けたということは、やはり大いなる安心感があったからではないですか？

「そうね。それはありますね」

私は思った。その瞬間、きっと高峰秀子は〝苦界〟から救われたのだと。

五歳の時からこの日まで二十五年、それは、闘うような日々だったのではないか。自

かつて高峰さんは言った、「大切な人が怪我をしたら、
側にいる者のほうが痛いんです」。
相手の幸せを自身の幸せとしてきた２人の結婚生活は、
2008年の春、54年目に入った。

身の意志とは関係なく始まってしまった、好きでない女優業を、「疲れたろう」のひと言もかけてくれるわけではない養母と親族のために、学業の機会さえ奪われ、ただ黙々と続けてきた人である。泣く〝余裕〟などなかったろう。また、泣いてもいいんだと思える、心を許せる相手もいなかったに違いない。

以前、「高峰秀子はあらゆる意味で野生動物みたいな人だ」と書いたが、だとすれば、結婚する前の彼女は草原を駆けるカモシカだ。草を食んでいる時も決して油断しない、五感を研ぎ澄まして常に警戒している。それも、群れていない、たった一頭で芸能界という荒野を駆けるカモシカ……。

それを苦界と呼ぶのは失礼かもしれないが、しかし、私にはそう思えて仕方がない。だから松山善三を選んだのである。貧しくとも、邪（よこしま）がない人。それまで出逢った人間にはない、清廉さ。

「そりゃそうよ。そうでなきゃ結婚しない」

高峰さんは言った。

だからこそ、その人の前で泣くことができたのだ。

彼女の涙は、単なる花嫁の涙などという感傷的なものではない。それは、生まれて初めて信じられる人を得た、安堵の涙だったと、私は思う。

だがしかし、ここで「めでたしめでたし」ではない。

未だに「結婚＝ゴールイン」という幻想を抱いている女性がいるようだが、賢明なる結婚生活を送っている読者ならわかるはずだ。結婚は、「する」より、それを「維持する」ほうがどれだけ難しいかということを。結婚してもいない私が言うのは僭越だが、周囲を見れば、わかる。友人、知人、そして大騒ぎして派手な式を挙げた挙句、いとも簡単に別れてしまう、あるいは文字通り仮面夫婦を続けている数多の芸能人達……。

私は、高峰秀子が名もなく貧しい青年を選んだその〝結婚〟を、心から素晴らしいと思う。だが、それ以上に見事だと思うのは、その結婚を半世紀以上、今日まで色あせずに続けていることである。

この三月（二〇〇八年）で結婚五十四年目に入る松山夫妻は、当然ながら、その長い歳月をただホカホカと送ってきたわけではない。

正直、よくもこれだけ長く、しかも仲良く暮らしてこられたものだと思う。なぜなら、客観的に見ても、障害となり得る要素が幾つかあるからだ。事実、当時のマスコミはこぞって「ひと月で離婚するだろう」と噂し、いつ別れるか、賭けまでしたそうだ。

まず何より、〝格差〟である。

前回も書いたように、当時の女優・高峰秀子のギャラは映画界で一番高かった。一方、助監督だった松山青年の月給は一万二千五百円。年収はゼロ二つ違っていた。これが逆ならまだしも、夫が妻より収入が低い、それも桁違いに低いというのは、普通は悶着の種になる。特に男のほうが劣等感を抱くものだ。

松山氏に聞いた。

――収入の差は気になりませんでしたか？

「全然。だってそんなことは結婚する前からわかってることで、第一、収入より何より、全ての点で高峰は僕より優れてますよ。仕事にしたって、百メートル走で言うなら、僕がスタートした時、彼女はもうゴールしてたっていうくらいキャリアも実績も違う。言ってみれば、僕の先生みたいなものですよ。実際、僕は、映画のことだけでなく、骨董でも着物でも、いろいろなことを彼女に教わりましたからね。君も知っているように、凄いでしょ、彼女の博識は。だから、端から気にするとか何とかっていうレベルじゃないですよ（笑）」

私はある感動を持って氏の話を聞いていた。そして改めて思った、心がきれいな人だと。

だが、なおも聞いた。

――先生はよく劣等感に押し潰されませんでしたね？

「なぜだろうね。なぜかねぇ……。秀さんはそういうことを感じさせない人なんだよ」

そうだ、そこなんだ！　そこが高峰秀子の稀有なところなのだ。高峰さんは大女優でありながら、決して上から人を見ない。比べもしない。以前書いた「相手によって態度を変えたりしない」ということと同じだ。私が自分の家にいるより松山家にいる時のほうがリラックスしていられるのもそのせいだと思う。私の図々しさを差し引いたとしても。

つまり、高峰さんは他者にプレッシャーを与えないのだ。そういう人は非常に少ない。まず女優には一人もいないと私は断言する。なぜ彼女は人を疲れさせないか。理由はただ一つ。高峰秀子は、自分を何ほどの者でもないと思っているからだ。

まさに野生動物のように作為がなく、あるがままを受け入れ、あるがままに生きる。それが彼女の生き方全てを貫いているのだ。

もし彼女が、夫に対して少しでも「こうあれかし」を強要する気持ちがあれば、氏は劣等感を感じずにはいられなかったはずだ。

そして加えて、松山氏の人柄。

他者に対する劣等感は、いわば優越感の裏返しで、その奥には、人より優越でありたいという欲求があるものだ。常に他者と比べる気持ち、自意識の強さ、「私が」「俺が」という我欲があるものだ。

氏にはそれがない。妙な上昇志向がないのだ。

「でも『高峰秀子の亭主』というのを押しのけてきたってことは、何十年の間にはあるよね」

〝高峰秀子の亭主〟。私も耳にしたことがある。そんな時、私は思う。世の中には想像力がない人っているんだなぁと。だって〝高峰秀子が選んだ〟のだ。それだけで、氏がどれほどの人物かわかろうというものなのに。

氏が抱いたものは、劣等感ではなく、「この人に見合う男になりたい」、その思いだけだった。だから結婚して撮影所をやめてからは、一日も早く脚本家として一本立ちしたいと、寝る間も惜しんで書き続けた。そのため無理がたたって、結婚一年目に腎臓結核で入院してしまう。病室の夫に、高峰さんは毎日、弁当を届けたという。

「僕はもう、死んだほうがいいんじゃないかと思いましたよ、嫁さんにこんな苦労をかけるくらいなら」

自分が情けなかったそうだ。

氏もやはり、他者と比べるのではなく、自分自身と向き合っていたのだ。

片や、この格差を妻はどう感じていたか。

――夫が劣等感を抱かないようにとか、そういうことは考えましたか？

「朝から晩まで考えてましたね」

高峰さんはきっぱりと言った。

「結婚した当時はお手伝いさんが三人いたんだけど、例えば食事の時、おかず持ってくるんだって、私のほうに先に出すんだもん。習慣って、ちょっとやそっとじゃ直らないからね。それで魚の切り身なんか、私のほうが大きいの。だからそういうことをやめさせたり、御用聞きさんに『うちは今日から松山です。高峰じゃありません』って言ったり。でもいっくら口が酸っぱくなるほど言っても『高峰さん、こんちは』なんて来るから、しまいに、全部とっ換えちゃったの。魚屋、八百屋、酒屋……御用聞きさん全部」

普通の妻にはない、〝高峰秀子〟ゆえの特殊事情とはいえ、ここまで実行した高峰さんを、私は天晴れだと思う。

そして二つ目の障害。

妻が仕事を持っていること。これは一般の夫婦でもしばしば紛争の原因になる。

だがこの点は、松山夫妻は大丈夫だった。幸いにも、と言っていいのか、高峰さんが女優業を好きでなかったからだ。前回のインタビューの中でも、二度も「仕事をやめたかった」と言っている。

日本映画史に残るほどの大女優が、女優業を嫌いだったというのは、実に皮肉な話だが、この心境こそが高峰秀子の高峰秀子たる所以なのだ。大勢で一つの目的に向かって映画を作ることは好きだが、女優は嫌い。つまり、女優というものの虚飾が大嫌いなのだ。

だから結婚後、仕事を減らしていった。三十代の時には三十一本出演していた映画が、四十代の時には八本、五十代には三本、そして五十五歳で見事に引退を果たした。

これは脚本家・松山善三が見る見る作品を世に送り出し、テレビドラマも加えて猛烈に忙しくなるのと、きれいにX型に交差するグラフを描いている。明らかに、夫の脚本家としての〝成長〟を確かめるように、高峰秀子は引退に向かって進んでいったのである。

松山氏、曰く。

「僕は、一時期は、来る仕事は全部請けてましたよ」

そして高峰さんは、結婚した時、氏に言ったそうだ。

「女優なんてものは若い時はいいけど、すぐにおバアさんになります。今は私が稼いでいるけど、いつかあなたが私を養ってください」

その通りになったわけである。

だが私は一つだけ、松山氏の言葉に異論がある。「全ての点で高峰は僕より優れてますよ」の、「全ての点で」は違うと思う。

高峰さんには気の毒な欠落があった。

学校教育を受けていないのである。五歳から働いていたから、小学校も満足に通えなかった。だから足し算はできても、引き算や割り算ができない。地理を知らない。

まだ新婚の頃、妻はやたらと新聞や雑誌をひっくり返して何かを〝探して〟いたそうだ。

不思議に思った夫は尋ねた、

「何をしてるの？」

妻は答えた、

「字を探してるの」

夫は驚いた。三十一歳の新妻は辞書の引き方を知らず、読めない字がある時は、別の媒体でその同じ字を探して、読み方を知ろうとしていたのだ。

「とうちゃんが、中学時代に使ってた辞書をくれたの。それで引き方を教えてくれたよ」

高峰さんがそう言った時、私は何だか涙が出そうになった。高峰さんが可哀想なような、可愛らしいような、そして健気なような……。

「引き算も教えてくれたの。横から一借りてって。割り算と掛け算も教えてくれた」

若い夫と妻が頭を寄せ合って、「ホラ、ここで一貸したから、ここにはもうないんだよ」「うんうん」……そんな姿が目に浮かぶ。

そして何より、松山善三という人は、高峰秀子に〝安寧〟を与えた。彼女が望んでも手に入れることができなかった心の安らぎを。

――五十三年の結婚生活を振り返って思うことは？

別々の場所で夫妻に聞いた。

「高峰に恩返しはできただろうか。いや……」

「私は松山に何をしてあげられたかしらと考えた時、何もないの。せいぜい私が一度も寝付かなかったことぐらい」

人は結婚に何を求めるのだろう。

少なくとも、それは、〝求める〟ものではなく、〝与え合う〟ものだ。

松山夫妻を見ていて、私はそう思う。

十一月某日、晴れ。麻布・松山邸。

「音戸の瀬戸のちりめんじゃこ、好き？　人から頂いたから、帰る時、少し持っていきなさい」

柿の葉寿司を私の皿に取り分けてくれながら、高峰さんが言った。

「美味しいよ。広島のちりめんだ」

松山氏がビールを注ぎながら言った。

いつもと変わらぬ松山家の夕食風景である。

そしていつものように、高峰さんは食事の途中で何度も席を立って、夫がビールのあとに飲む日本酒の燗をつけたり、卵焼きを焼いたり、空いた皿を下げたり……。

高峰秀子は、八十三歳の今も、こうして日々を送っている。結婚した時と少しも変わらぬ、安寧に満ちた日々を。

怠らない

一

二〇〇八年、元日。

正午少し前、私は自宅マンションの表に出た。進行方向にいつもの風景が見える。一本道のどん詰まり、その上空に、浮かんだような六本木ヒルズ。歩いて十分ほどの距離だから、その姿は巨大だ。今日も、せっかくの快晴を真っ二つに断ち切るように聳えている。私はこの塔が大嫌いだ。密かに「バベルの塔」と呼んでいる。人間の不遜以外の何物でもない、愚かな建造物。

しかし、今日の風景はいつもと少し違う。その足元の私の街には、車も人も、動くものは何もない。私はしばし見入った。メタリックに光る塔を背景に、止まったような街。まるでSF映画のようだ。

だが、そんなものは打ち捨てて、私のオアシスに行こう。私は真っ直ぐに進むと、小さな公園の横道を折れて、静かな住宅街の奥にある細い坂を上った。『鬼平犯科帳』にも登場する鼠坂である。

坂を上りながら、私は今朝のことを思い出していた。今朝と言っても、一時間ちょっと前のことだ。

電話が鳴った。私は朦朧としてベッドから起き出し、受話器を取った。

「あ、かあちゃん」

高峰さんからだった。

私は懸命に起きていたふりをしながら、慌てて言った。

「はい、おめでとうございます」

「おめでとう」

高峰さんの声は、いつものように、凛として落ち着いている。

「今日、お雑煮食べに来る？」

「はいッ」

なおも起きていたふりをして、私は答えた。

「じゃ、十一時半から十二時の間においで」

「うん。ありがとう！」

こいつぁ、春から縁起がいいや。

が、電話を切った後、思ったのだ。あぁ、一日は人生に似ている、と。

正月であろうと平日であろうと、常に朝から万全の心構えでスタートする人と、正月からダラダラ寝ている人間と。むろん、高峰さんと比べること自体が失礼なのだが、この、一年の始まりの電話と、そしていくら私が起きていたふりをしようと、高峰さんにはすっかりお見通しであることが、何か生き方そのものを象徴しているようで、私はひどく恥ずかしかった。

そんなことを思い出しながら、細い鼠坂を上り、さらに左に折れて植木坂を上った。白い松山邸が見えてきた。この辺りは今日に限らず、いつも静寂に包まれている。大都会の中で、まるで別世界のように木々に囲まれ鳥がさえずるこの高台が、私は好きだ。と、前方の永坂のほうから見知らぬ中年夫婦が歩いてきた。あ、松山邸の前で立ち止まった。しかも奥さんのほうが表札を指差して、二人で何やら話している。困ったなぁ……。このままでは、ちょうどあの二人の目の前でチャイムを押すことになってしまう。

私は知らぬ顔で二人の横を通りすぎると、少ししてから、振り返ってみた。中年夫婦はやっと、私が来た道のほうへ歩き始めた。明らかに近隣の人ではない。正月休みにどこかから散歩に来たのだろう。この一帯は殆ど車も通らないので、たまにウォーキングの中高年を見かける。そして松山家は、当たり前だが、表札に「松山善三　高峰秀子」と書いているので、時に、さきほどのように立ち止まって家を眺めたり、中には、ガレージの奥を覗き込んだりする人がいる。有名というのは、ある意味で気の毒なものだ。

二人連れが遠ざかったのを確かめて、松山邸のチャイムを押した。

松山家に門松はない。注連飾りもない。夫妻は、年中行事というものをしない。別に何か主義主張があるわけではない。昨年の正月、高峰さんが答えたように、「うちは誕

53年間、変わらぬ夕食風景。
現在、唯一違うのは、2人が仲良く白髪になったことだけ。

生日だとか何とか、そういうことを別に大事だと思ってないからね」。それだけのことである。

ただ、誕生日や結婚記念日には、ファンや知人の方が花を贈ってくれたり、私が「めでたい、めでたい」と連呼するので、二人して夕食の時に軽くグラスを上げることはある。

「今開けるよ」、インターホンから高峰さんの声がして、少し待っていると、いつものように松山氏が門を開けてくれた。

「おめでとう」

笑顔も服装もいつもと同じだ。

「少しお花と本を持ってきました」

「重いのに悪いね」

屋内はいつものように森閑として塵一つなく、ころよく暖房がきいている。

高峰さんは台所にいた。

こちらもいつものように部屋着姿だ。

「今日はどこもお休みだから、これ、昨日のうちに買っておいた花だよ」

「あら、まだ暮れに持ってきてくれた万両とフリージアがあるのに」

見ると、それらはまだ食卓の上で元気に咲いていた。だが、先日と違って、そこに水仙が十輪ほど加わっている。

「僕が庭で切ってきたんだ、綺麗だろ」

　松山氏が言うと、台所から高峰さんが、

「前に、根のついた水仙を送ってくれた人がいて、それをとうちゃんが庭に植えたら、綺麗に咲いたの」

　いいなぁ。私は思った。夫が庭に水仙を植えて、咲くと妻のために切ってきて、妻はそれを食卓に飾る。そんな老夫婦……。

　この家にいると、私はすぐ側が六本木の雑踏であることも、あのまがまがしいバベルの塔のことも忘れる。そして心から、人間らしい穏やかな営みに浸ることができるのだ。

　高峰さんは、私が持ってきた万両と小菊を台所のカウンターに飾った。高峰さんは、花の生け方が上手い。万両の点々とした赤の間に小菊の黄色と白がバランスよく配置されている。

　二人が食卓につくと、私は立ち上がって、麦茶のグラスを上げた。

「新年おめでとうございます。今年も、とうちゃんとかあちゃんが元気で健康でありますように」

「はい、おめでとう」

　夫妻も軽くグラスを上げた。

今日は昼食なので、松山氏はビールでなく、麦茶。高峰さんも水割りは飲まない。

「栗のふくませでも食べててね」

そう言って、高峰さんは再び台所に戻ると、朱塗りの大きな椀を一つ、私に。次に松山氏に。そしてやや小ぶりの朱の椀を持ってきて、自分の席に置いた。

「栗もお餅も頂き物だよ。有難いね」

松山氏が言う。

松山家では正月のおせちや特別なお料理は用意しないが、こうして到来物があれば、高峰さんが作る。つまり、なければいつも通りの食事、あれば雑煮を作る。それだけのことなのだ。

さぁ食べよう、と思った時、電話が鳴った。

松山氏が出た。

「ハーイ、ジミー。ハッピー・ニュー・イヤー……」

どうやら外国人のようだ。

「ジャスト・モーメント。秀さん、香港から」

高峰さんが代わった。

「イヤァ、ファイン。ハピー・ニュー・イヤー。……イヤァ。……サンキュー・フォ・コーリング……」

聞いていて私は感心した。

「とうちゃん、かあちゃんが『サンキュー・フォ・コーリング』だって、凄いね」

「ちゃんとわかるんだよ、秀さんは」

高峰さんは今年の干支、子年。春には八十四歳になる。しかも小学校に通算一カ月も通っていない。だが、こういう人なのである。独学で全て学んだ。以前、高峰さんのベッドの枕元に英文法の本があるのを私は見たことがある。トイレが夫妻の寝室の奥にあるので、私はできるだけキョロキョロしないようにしてトイレに行くのだが、目に入ってしまった。そして頭が下がったのを覚えている。

「孫が生まれたって言ってたわ」

香港の知人の近況だ。

ハワイのDr.Iに始まり、フランスのPさん、スリランカのIさん、カナダ、中国、韓国……、松山家は海外に知人が多いから、時々こうして国際電話が入る。

「お餅が溶けちゃったわね」

高峰さんが言う。

「でも美味いよ」

と松山氏。

「ムマイ、ムマイ……」

私は餅を頬張る。

鶏肉と水菜が入った高峰さんのお雑煮は実に美味しい。

「かあちゃんは昔からおせち料理を作らないの？」

「結婚した当時はお雑煮を作ったこともあるかしら」

「そうだね。近所のお米屋さんにお餅を注文しておいて、僕が各部屋に小さな丸餅とミカンをお供えしたり。でも正月は静かに過ごしたいから、ずっと来客も断ってきたし、そのうち、自然と雑煮もやらなくなったね」

「子供の頃は？」

「子役だから、お正月は地方の劇場を挨拶回りするのよ」

「自分のお正月映画が上映される時に？」

「違う違う。昔は、映画スターっていうのはみんなそういうことしてたの。『今年もよろしくお願いします』って地方の劇場を回って。だから毎年、大晦日には夜行に乗ってた」

「デブ（養母）と？」

「そぉ、デブと」

言いながら、高峰さんが力をこめて餅を嚙み切った。

松山氏と私は思わず笑ってしまった。

「じゃ、お正月におせち料理食べたり、鏡餅を飾ったりしたことないの？」

「ない。おせち料理なんか生まれて一度も食べたことない」

「可哀想に……」

「どうして？」

高峰さんが不思議そうに聞いた。

「どうしてって……」

私は、高峰さんの子供時代のことを聞くと、時々、可哀想になる。小学校に行けなかったこともそうだが、正月に炬燵でミカンを食べたり、カルタ取りをしたり、そういう〝普通の生活〟も知らず、年じゅう大人に混じって働いていたことが……。

「だって食べたいと思わないもん。私にはお正月も普段の日もおんなじ」

そう言って、高峰さんは雑煮を食べた。

「静かだねぇ……」

松山氏が、満足げに呟いた。

これが今年の松山家の正月風景である。

私は、大切なことに気づいた。

それは、高峰さんが言った言葉、

「私にはお正月も普段の日もおんなじ」

即ち、これこそが、〝高峰秀子の流儀〟なのである。

普通、「正月も普段の日も同じ」と言うと、何とまぁメリハリのない、と悪い意味にとるものだ。だが違うのである、高峰さんの場合は。

一番わかり易いのは、暮れの大掃除だ。多くの人は、「まぁ、こんなに汚れてたのね」と、一年の塵や埃やガラクタを「さぁ、年が明ける前に」とバタバタと掃除して、疲れる。つまり、それだけ塵や埃やガラクタが溜まっているのだ。

松山家は、ない。塵も埃もガラクタも。

驚くべきことだが、松山家はいつなんどきでも、清潔、整頓、何一つ余分な物がない。あるべき物があるべき場所に置かれ、どこもかしこもきれいだ。

一度、高峰さんが食卓の上に下がっているライトの笠を拭いているのを見た。普段の日に。食卓に置いてある愛用の銀盆セットを磨いているのを見たことがある、普段の日に。

そして松山氏が呆れたように私に言ったことがある、

「かあちゃんはどうかしてるんじゃないかと思うよ。下駄箱の靴、全部磨いちゃったんだよ。五十足ぐらいあるのに……」

それも、何でもない普段の日だ。

恐らく、主婦が大掃除で必ずやるのが、冷蔵庫の整理ではないだろうか。

待ってました、完璧です、松山家の冷蔵庫は。

この冷蔵庫に象徴される台所の、何とまぁきれいなこと！　私は一度でいいから誰かに見せたいものだといつも思う。

台所だけではない。そんなこと絶対にあり得ないが、私は「松山家見学ツアー」という旗でも立てて、この家の隅々まで案内して回りたいと思うことがある。それほど、この家の中はきちんとしているのだ。それでいて、温かみがある。

家は人を表す。

この家の住人、松山善三と高峰秀子。殊に、日常生活を切り盛りする主婦、高峰さんの〝色〟が、全てを支配している。

正月も三百六十五日のうちの、単なる一日にしか過ぎないと考える高峰秀子の、日常とは――。

二

高峰秀子は寡黙である。

よほど先方が必要に迫られて求めない限り、自らが日本映画界に残した偉大な業績も、過去の出来事についても語ることはない。また、世間話も噂話もしない。ましてや、人生を説いたり説教がましいことなど、一切言わない。

以前も書いたように、〝年寄りの三種の神器〟である昔話（自慢話）・説教・愚痴が、完全にない人なのだ。

それればかりか、テレビも観なければ、音楽も聴かず、電話も人からかかってくることはあっても、自分からは滅多にしない。最近は外出もしない。

つまり、彼女は全く興味がないのである、そういうことに。

だが気の毒なことに、「さぁ、いよいよこれから静かな生活を」と思っていた矢先に、私などと知り合ってしまったものだから、しかも当時の私は雑誌の編集者で記者だったりしたものだから、随筆の連載はさせられるわ、インタビューはされるわ……挙句がこの連載で、ああでもないこうでもないと、しつこく私に聞かれ続けるので、内心では「トホホ」とため息をついているというのが現状だ。

正直なところ、高峰さんはこの連載についても、さほど興味を持っていない。私が「こんな素晴らしい人のことを書かずにいられるものか」とやたら力を込めているので、言ってみれば、「まぁ、あんたがそんなに書きたいなら、書けば」ぐらいの気持ちである。その代わり、いったん「書いてもいいよ」という言質をくれたら、最大の協力をしてくれる。

が、協力はしてくれるが、やはり気持ちの上ではさほど興味を持っていない。

その証拠が、先日の出来事。

『婦人画報』がタブロイド版を作るというので、編集長がそこに高峰さんの写真を載せたいと言い、「ついてはご本人の了解を」と依頼された。さっそく私は松山家を訪ねて、高峰さんに過去のタブロイドを見せて説明し、これはと思うあらかじめ選んでおいた彼女の写真を数葉、食卓の上に並べた。

高峰さんは最初「フン、フン」と聞いていたが、そのうち、やおら台所に立つと、何か持ってきた。

小さな片手鍋が、二つ。

「この前はよく見せなかったと思うけど、こんな風に中がテフロン加工でないと……」

また鍋の話か……。私は少々呆れて、「かあちゃん、その話は、まずこっちを片付けてからね」と、鍋を脇へ寄せた。

高峰さんはつまらなそうな顔で、再び私がタブロイドの説明をするのを聞き始めた。

実は、この数日前、私は高峰さんからフライパンと片手鍋を買ってきてと頼まれていた。その時、高峰さんは私を台所に呼んで、カウンターの下の大きな引き出しを開けた。

前にも見たことはあったが、私は、改めて驚いた。幅一メートル以上はある巨大な引き出しの中が鍋だらけ。両手鍋からフライパンまで二十個ではきかないくらい入っていた。それも、全てきれいに手入れされ、きちんと収められている。

「これ、ハワイで買ったんだけど、テフロンがもうダメになっちゃったの」

高峰さんは愛おしそうに小さな片手鍋をなでながら、言った。

そして私に横長の封筒を渡した。

鍋を買うためのお金が入っているのだが、封筒の表にきちんと書いてある。

〈・フライパン

　直径十二センチ

テフロン仕上げ

一個

・片手鍋

直径十三センチ

テフロン仕上げ

二個

サイズは少々違ってもよし

小さいほうがよろしい

東急ハンズ？〉

高峰さんのサラダは自家製のドレッシングが
抜群に美味しい。

何かお使いを頼む時は、言葉でも言うが、念のため常にこうして指示内容を書く。何事にも行き届いた高峰さんらしいやり方だ。

しかしまぁ、このご注文のフライパンと鍋がそう簡単にはないんですね。何しろ、直径が十二センチと十三センチですから。

「急がないから。時間がある時でいいからね」と言われていたので、仕事が一段落したら、東急ハンズに行こうと思っていた。だが先日、自分の買い物で行った麻布十番のスーパーで、もしやと思って、ついでに台所用品売り場を覗いてみたのだ。

あ、小さいフライパン！

その場ですぐに携帯で電話した。

「かあちゃん、あったよ。直径十四センチだけど、テフロンだし、いいと思うよ」

「十四センチぃ？」

「いいじゃない、二センチの違いだよ」

「テフロンなの？」

「うん。フッ素加工って、テフロンでしょ？　これにしたら？」

「ん～……そうね。じゃ、それ買っといて」

よしよし。これでフライパンは片付いたと。

この調子で片手鍋もどうにかしようと、私はその晩、ネットショッピングで探してみた。三千個以上ヒットした。一つ一つ仔細に見たが、高峰さんの注文に合うものは、三個しかなかった。何しろ、直径が十三センチだから。

さっそくプリントアウトしておいて、電話した。

「かあちゃん、外国製のと日本製のとあるけど、直径は十四センチが最小なの。それでも三つしか見つからなくて、うち二つはミルクパンになるよ」

「ミルクパンじゃあねぇ……」

「でも中はテフロンだから同じじゃないの」

「あ、テフロンならいいね。でもあんた、実物を見てないんでしょ？」

「うん。写真は印刷したけど……。そうだよね、見ないと不安だよねぇ」

「悪いけど、やっぱり東急ハンズで見てきてよ。急がないから」

「もちろん行くよ。でも結構ないもんだねぇ、十三センチって……。雪平鍋やホーローとかステンレスならいくらでもあるんだけど、それじゃダメなんでしょ？」

「ダメ」

やっぱりね。

二、三日前、百円ショップでちょうど良さそうな小さい雪平鍋を見つけて、思わず買ってしまおうかと思ったが、買わないで良かった。

というわけで、片手鍋のほうはまだ未解決。

だから高峰さんも鍋のことが気になっていたのだ。

もう、おわかりでしょう?

高峰秀子という人は、本来は大切であるべき自分が関わる雑誌の連載の打ち合わせには殆ど興味がないのに、台所で使う鍋にはものすごく興味があるんですよ、鍋には。

私など、鍋なんか何でもいいじゃないかと思うのだが、彼女は違うのだ。

これこれこういう材質のこういう大きさでないとダメ、と決めている。

なぜなら、高峰秀子には、他の何よりも、日常生活が大切だから。日々の暮らしが。

そしていいよいよ、その高峰秀子の日常である。

彼女の一日を追いながらご紹介しよう。

朝は六時半に起きる。拙著『高峰秀子の捨てられない荷物』を書いた七年前(二〇〇一年)には起床は八時だった。なぜ早くなったかは、後でわかる。

寝るのはベッド。羽毛布団。私は一度ふざけて飛び込んだことがあるが、フカフカして軽く、実に肌触りが良い。シーツも枕カバーも上質な高級綿で、色は真っ白。冬になると、ベッドスプレッド代わりに大判のモヘヤをその上にかける。

——寝具はどこで買うのですか?

「全部、ハワイで。だから殆どアメリカ製か英国製。たくさん買ってあるの」

——片手鍋といいシーツといい、ハワイで買ったものが多いようですが、東京よりハワイのほうが買い物がしやすいんですか？

「そうね。ハワイだとイタリア製とか英国製とか、いろんな国の品物があるでしょ。それにハワイにいる時は毎日買い物に行くから」

――ハワイだと人にジロジロ見られないというのも気が楽ですか？

「そうね」

とは言え、数年前、近所のショッピングモールを一人で歩いていたら、ずっと誰かにつけられているような気がしたそうだ。と、少しして、一組の中年夫婦に声をかけられた。「すみません。このご本にサインをいただけませんか？」。見れば自分の著書だった。奥さんのほうが言ったそうだ、「ご本を拝読して、高峰さんは夏と冬にはこのショッピングモールによくいらっしゃるというのを知って、主人と一緒に夏と冬、こうしてご著書を持ってハワイに来て、いつかおめにかかれないかとこのショッピングモールに毎日来てたんです。だから今日おめにかかれてとても嬉しいです」

私はいつも感心するのだが、高峰さんのファンは実にお行儀が良い。

だがこういうハプニングは滅多にないので、高峰さんはハワイにいる時には気軽に買い物に出る。そして様々な生活用品を買うのだ。

で、寝室。広さは、畳にして二十畳ほどか。広々とした絨毯敷きの部屋に、セミダブルのベッドが二つ。ハワイの家も東京の自宅も、寝室の出入り口に近いほうが高峰さんのベッドで、奥が夫君の松山氏。古風な女、高峰さんらしい配慮である。

六時半に起きた夫妻は顔を洗う。松山氏は二階（地上からは三階に当たる）の書斎脇にある自分専用のバスルームで。高峰さんは寝室の奥のバスルームで。ここにも高峰さんの美意識が見えるのだが、夫君のバスルームは、足元のリノリウムからバスタブ、シャワーカーテン、洗面槽、トイレットペーパーまで、全て薄いブルーで統一されている。そして寝室の奥の高峰さん専用、と言っても夜中にトイレを使う時は共用になるが、ここは全てベージュで統一されている。松山家の生活様式は完全な洋式なので、お風呂も湯船ではなくバスタブ。日本式の洗い場というものはない。

松山氏に聞く。

——家の中のインテリアは全て高峰さんが決めるのですか？

「そう。彼女は自分の趣味というものがハッキリしているし、また趣味もいいからね。僕の自由になるのは書斎だけです（笑）」

——松山先生が外出する時の服装も高峰さんが決めるとか？

「そうですね。僕が何か着ようとしていると、彼女が『こっちのほうがいいんじゃないの？』と言って。二人で出かける時はもちろん彼女が決めます。彼女は二人の調和を考えますからね」

——自分で決めたいとか思いませんか？

「全然。だって彼女のセンスは抜群だし、僕は彼女のセンスを絶対的に信頼してるから」

なるほど。ご馳走さまでした。

バスルーム。高峰さんが使うバスルームは、畳にすると四畳半分を細長くした感じか。私も今ではすっかり慣れてしまったが、初めてトイレを拝借した時は、あまりに広くてきれいなバスルームなので驚いた。洗面台が広く、ベージュ色のシンクの周囲に白くゆったりとした余裕があり、そこに高峰さんの、これまた白い歯ブラシと白いコップ、香水とヘアブラシが置いてある。トイレを借りるたびに感服するのだが、これらが常に、いつ見ても、きちんと清潔に保たれている。ヘアブラシには髪の毛一本ついていない。私はここを見て、自宅の洗面台の周りにゴタゴタ置いてある物を慌てて片付けたものだ。

顔を洗った高峰さんは、ネグリジェから部屋着に着替える。彼女はこの部屋着のことを「ガウン」と呼ぶが、正確にはガウンではない。何と言ったらいいか、足首まである、ネグリジェを分厚くしたようなワンピースとでも言おうか。これもハワイで買ったものだ。「あんたも一着買えば？　便利よ」と言われてハワイに行った時、選んでもらったのだが、なにせ私は大股で歩くものだから、裾がバサバサ足元にまつわりついて、すぐにいつものトレーニングパンツに戻ってしまった。つまり高峰さんのように静かな立ち居振る舞いをする人でないと向かない部屋着なのである。

七時、朝食。と言っても、実際は朝食というほどの量はない。夫妻はカフェオレを飲む。高峰さんはそれに加えてバナナ一本。松山氏は小さなカップ入りのヨーグルトとリンゴ四分の一個。

高峰さんが支度している間に松山氏が玄関で新聞をとってくる。二人して静かな朝食のひと時を過ごすと、氏は書斎に上って書き物をしたり様々な書状や手紙の整理、返事など。

一方、高峰さんは朝食の後片付けを済ませると、ベッドに戻る。

眠るのではない。本を読むのだ。

とにかく本を読む、高峰さんは。毎日、それこそ〝食う〟ように読む。

あ、字数が……。続きは次回をお楽しみに。

三

本来は前回の続きを書くべきなのだが、それは次回にして、ここで是非書いておかねばならないことがある。

先日、映画監督の市川崑氏が亡くなった。その訃報を聞いて、私は、かつて高峰さんから聞いた話を思い出した。高峰さんが映画『樋口一葉』の撮影をしていた昭和十四年の初め、高峰さんがまだ十四歳だった頃の話である。

「京都で撮影したんだけど、市内の旅館に泊まると撮影所まで通うのが遠くて大変だから、デブ（養母）と二人で撮影所の側に間借りしたんですよ。その時、襖一枚隔てた隣の部屋に下宿してたのが、市川の崑ちゃんだったの。ある時、彼が留守で襖が開いてたから、見るとはなしに見ると、壁に、ポスターカラーで上手に描いたミッキーマウスの絵が貼ってあった。JO京都撮影所には漫画部があったから、その時、崑ちゃんはまだ漫画部にいてアニメを描いてたのか、既に石田民三の助監督になってたのか、その辺のことは知らないけど。ともかく、デブが崑ちゃんと親しくなって、ある日、崑ちゃんが、デブと私を近くの小料理屋でご馳走してくれたのね。それでご飯食べながら、『わしが東京へ行った時はよろしゅうお願いします』って言ったの。で、私は撮影が終わって、東京へ帰りました。そしたら二、三年してから、ほんとに崑ちゃんが来たのよ、成城の私の家に。玄関でデブに『おばはん、来たでぇ！』って言って（笑）」

　そして、高峰家での市川青年について。

「私は毎日、朝早くから撮影所に出かけてたから、ろくに喋った記憶もないけど、私が帰ってくると、崑ちゃんはいつも茶の間の炬燵で卵焼きとカツ丼食べてた。脚本書いてる姿なんか見たことない（笑）。どのぐらいうちにいたのかなぁ……。背も立たないような低い天井の中二階に居候してた。それで東京が初めて空襲された日（昭和十七年四月十八日）、私は盲腸の手術を受けてたんだけど、牛込の野谷医院って、女優の花井蘭子さんに紹介された小さな病院で。入院してる時、崑ちゃんが見舞いに来てくれたの。でも一週間後、退院してうちに帰ったら、もういなかった。お手伝いさんが『お嬢様の盲腸が伝染って、三重（市川の郷里）へ帰りました』って（笑）」

当時、市川青年は言っていたそうだ。「わしが監督になったら、デコちゃん、必ず出てな」と。その言葉通り、昭和二十三年の市川崑初監督作品『花ひらく――真知子より――』に高峰さんは主演、二作目の『三百六十五夜　東京編』『同　大阪編』にも出演している。

だがここで二人の縁は終わらない。

昭和四十年公開の、市川崑の代表作『東京オリンピック』。今でこそ、巨匠の傑作と言われているが、完成直後は散々だった。

そのことについては松山善三氏が以前こんな風に言ったのを、私は覚えている。

「崑さんの『東京オリンピック』が非難されて大変だった時、高峰が崑さんを援護射撃する記事を新聞に書いたんだよ」

その言葉を手がかりに、今回、調べてみた。

すると……。

非難されるきっかけになったのは、当時、東京オリンピックの担当相だった河野一郎が、試写鑑賞後に「記録性をまったく無視した、ひどい映画。（中略）こんなオリンピックが東京で行われたと後世に伝えられては恥だ」と言ったことが、同年三月九日付けの朝日新聞をはじめ各紙に掲載されたことだった。

ために、まず担当プロデューサーがビビリ、次に、既に決まっていた文部省推薦を文部大臣が取り消し、さらに地方の各種団体が次々に推薦を取りやめ……挙句に製作した東宝は「編集し直す」とまで言い出し、この話題は連日、新聞を賑わせることになる。

たぶん河野自身はそこまでの大事になるとは思わず、個人的な感想を言っただけなのだろうが、とにかく事実として、市川崑の『東京オリンピック』は、河野発言をきっかけに轟々たる非難を受け始めた。

そこに助け舟を出したのが高峰秀子だった。

高峰さんは新聞にどんな記事を書いたのか。

私は以前、彼女の著書のどれかでその話題を読んだ記憶があったので、うちに全作揃っている高峰さんの著書を漁った。

あった。昭和五十三年に刊行された、高峰さんの著書『いっぴきの虫』。

それは、松下幸之助、梅原龍三郎、川口松太郎、杉村春子、浜田庄司など、各界の一流人と高峰秀子との対談集なのだが、その中に市川崑もいた。

その本の中で、市川は映画『東京オリンピック』の件について、高峰にこんな風に語

っている。一部紹介すると、

〈いきなり電話かけてくれてさ。（中略）（河野さんの発言に＝著者註）関係なくボクに電話をくれたんだ。「あたしみたいにスポーツを知らない人間が見ても、じゅうぶん映画として立派だった」って、いや立派って言葉は使わなかったな。とにかく、よかったって、あんたいってくれて、ボク、たいへんうれしかったわけよ。（中略）

　あんたが電話くれた時、こっちはもうガッサゴッソともめていたわけよ。そしたらあんたが「東京新聞」に書いてくれたんだ。「私はアタマにきた」って〉

是非読みたい、高峰さんが市川崑を援護するためにどんな記事を書いたのか。

本人がその記事を持っているのではないか。

「んんん、持ってない、持ってない」

そんな昔のもの持ってるわけがないでしょうと言わんばかりに、高峰さんはいつも通り、興味なさそうに答えた。

いかにも高峰さんらしくて、良い。良いが、こっちは困る。結局、都内の大きな図書館にあった。四十年も前の記事なので、既にマイクロフィルムに収められていた。

それは河野の発言が載った九日後、三月十八日付けの東京新聞。原稿用紙にすると二十枚を超える高峰秀子の文章だった。

ここで全文を紹介するスペースがないのは残念だが、一部抜粋すると、

高峰秀子が随筆を書かなくなったことが、返す返すも残念！

〈映画は常識的な「記録映画」ではなかったけれど、正しく、TOKYOにおけるオリンピックであり、「参加することに意義がある」というクーベルタンのことばを、このように生き生きと美しく表現した五輪映画ができたことに感動した〉

〈映画監督は単なる編集者ではない。自分に内在する力でものを生み出すひとりの作家なのである〉

〈私は、黒澤明氏にかわって、市川氏がオリンピック映画の総監督に選ばれたと聞いたとき、「お役人もなかなかしゃれた人に目をつけたじゃないか」と思った。が、しかしこれは私の早トチリだったらしく、関係者は、そんなに大切な仕事を任せる「市川崑研究」どころか、もしかしたら氏の映画を一本も見たことがなかったのではないだろうか。でなければ、完成したフィルムを「編集し直せ」の「もう一本作れ」のといった非礼なことが言えるはずがない〉

〈どうしても「記録」にこだわるなら、一部の人がいうように、「記録映画」を作ればいいのだ。何本でも納得のゆくまで作ったらいい。どうせ私たちの税金は満足のいく使われかたはしていないのだから〉

〈思うがまま、筆の走るままに、私はここまで書いた。私は三年ほど前にも、とつぜんカッカとアタマにきて「批評家への疑問」という長い文章を三回にわたって朝日新聞に書き、批評家の諸氏からコテンパンにブンなぐられた。イワク「女優のくせに生イキな……」「だまって演ればいいんだ……」と。けれど「根本的なくいちがい」のもとに、正論、反論、駄論、珍論、暴論を、一身に浴びてたたずむ市川氏を見たとたん、私は三年前にブンなぐられた痛みを忘れて、こんなことを書きたくなった。こうなったらやぶれかぶれ、またブンなぐられる覚悟の上である〉

私は、マイクロフィルムに残る文章をコピーした小さな文字を虫眼鏡で読みながら、深い感動が湧き上がるのを感じた。

二十年以上も疎遠だった市川のために、たった一人で声を上げた女優・高峰秀子。その映画人としての気概と、そして人間としての義侠心に、改めて強い尊敬の念を覚えたのである。

高峰さんは『いっぴきの虫』に書いている。

〈崑ちゃんは、私の助太刀に対して、感謝してくれているらしいが、実は私は「崑ちゃんという人」だけのために、あんなおせっかいをしたわけではない。

映画は、個々の観客によって意見がまちまちであるのは、いま始まったことではない。ただ、オリンピック映画の場合は、崑ちゃんは「誰が勝つか負けるかは重くみない。私は勝負の記録を映画にするのではない」といいきっていたのに、出来上がった映画に対する批評のことごとくが、「記録的である」「ない」と、その一点ばかり。崑ちゃんにすれば、「あれよあれよ」という感じだったろうし、自分にカンケイないことのようで、あるようでもあり、渦中にいても、実に立つ瀬がなかっただろう。

それにしても、肝心の映画人の発言がなさすぎやしないか。こういう時、なぜ映画人は知らん顔していて、掩護射撃をしないのだろう。

あんまりじゃないか、あんまりだ、あんまりだと思いながら、つい自分がノコノコと出しゃばってしまったのである〉

『いっぴきの虫』の中で、市川崑は高峰秀子に言う。

〈あんたの場合は、いつも一本通っているもの。何をしてもあんたの個性をなくさないもの。そういうものはいつもきちんと出ているよ〉

当時、この渦中で同映画について発言した女優も俳優も、一人もいない。ましてや、孤立無援の市川監督を援護した演技者は皆無。

私は常々自分が感じていることを改めて痛感した。日本映画が滅びたのは、某映画監督が言ったように「ハリウッド映画を輸入しすぎたから」ではない。ダメにしたのは、我々観客と、そして「助け合わない」日本の映画人が日本映画を大事にしなかったからだ、と。

だが高峰秀子がこの件に果たした最も大きな貢献は、援護記事もさることながら、彼女が、市川崑をじかに河野一郎に会わせたことである。それも高峰が直接、河野一郎事務所に出向き、市川との面談を約束させたのだ。しかもその前に、『週刊サンケイ』で高峰自身が河野一郎と対談してかみついた上で、である。

その辺りのことを先の対談では。

〈市川　（略）あんた対談したでしょ？　「週刊サンケイ」で。
高峰　誰と。
市川　河野さんとだヨ、イヤだなこの人は。
高峰　ぜんぜん忘れちゃった、私。モーロクしたのかな。
市川　その対談で、あんたが、「河野さん、あんた間違っている、ヒドイわよ」ってハッキリいったんや。すると、河野さんが「私、そんなこと知らない。いったい、どうなってんの？」ってことになって。
高峰　そうだそうだ、思い出した。私、あのとき、崑ちゃんのことというてやれと思って、それだけのために出かけて行ったんだっけ……。それで？
市川　それであんたが、「どうも間に人が入りすぎていて、話がややこしくなっているらしい。河野さんはワリと話せるオジサンだから、いっそ駆け込み訴えしたら？」って〉

そして市川は河野一郎と直接会う。「同行してよ」と、高峰を援軍に付けて。

結局、じかに会ってみれば、河野は映画を撮り直すべきなどとは思ってもいず、問題は解決した。その時、河野は側にいた若者に言ったそうだ。「君もこういう人（高峰）

を見習いなさい」と。その若者が現在（二〇〇八年）の衆議院議長、河野洋平である。果たしてその後「見習った」のかどうか……は別として、三者会談は和気あいあいのうちに終わり、映画『東京オリンピック』は無事全国で公開され、巨匠の代表作として残ることになるのである。

ここまで調べて、私はハタと意味がわかった。四年前、私が市川崑氏に取材した折、帰り際に氏が見せた態度の意味が。

その時、私が「高峰秀子さんからご伝言があります」と言うと、氏は小さく「はい」と言って威儀を正したのだ。私はびっくりした。この巨匠が威儀を正した……と。そして肝心の伝言が言いにくくなった。が、確かに伝言は伝言なので伝えた、「高峰さんがおっしゃってました。『崑ちゃん、おデブちゃんになっちゃって』って」。下を向いて身構えていた巨匠は、噴き出した。「うん、ボク、太っちゃったんだよね」と。その笑顔は、かつて自分が窮地に立った時に助太刀してくれたデコちゃんを心から懐かしむような、いい笑顔だった。

即ち、「結婚」の回で書いた、「居ずまいを正した巨匠」とは、市川崑監督だったのである。

二月某日、晴れ。麻布・松山邸。

だが市川監督の訃報に接した時、高峰さんはこの件について何も言わなかった。

「市川崑さんが亡くなったね」

夕食の時、私が言うと、松山氏が箸を止めて言った、

「うむ……。幾つだった？」

「九十二」

私が答えると、

「そうか。よく生きたねぇ。最後までメガホンをとって、立派だった」

そして高峰さんは、一言。

「私より九つも上だったのねぇ……」

高峰秀子が言ったのはそれだけである。

私は、高峰さんが作ってくれた、美味しいエノキダケの炒め物を食べながら、思った。

たいした人だ、この人は。

四

若い頃、私は日常生活などどうでもいいと思っていた。掃除や洗濯や料理、そんなも

のよりずっと大事なものがある。素晴らしい映画を観たり、本を読んだり、いい仕事をしたり。家事に時間など割くのはもったいない、そう思っていた。

だが、それは違う。今は自信を持って「違う」と断言できる。高峰さんの日常を見ていて、わかったからだ。

いよいよ、その〝高峰秀子の日常〟。

前々回では、高峰さんが朝食の後、ベッドで本を読み始めたところまでだった。

あまりに間が空いたから、うたた寝でもしてしまったか……。とんでもない。眼を爛々と輝かせて、夢中で本を読んでいる。

この頃は「日本の名随筆」シリーズを読んでいる。自宅にあったのを数冊読み直して、「やっぱり面白い」と言うので、私が残りをネットオークションで少しずつ集めて届けている。残りと言っても、シリーズ全百冊、別巻百冊、計二百冊ある随筆なのだが、彼女は既に百冊近く読破してしまった。集めるのが読むのに追いつかないほどだ。一度にたくさん届けると一気に読んでしまって、身体でも壊すといけないから、三冊ずつ届けるのだが、二、三日して「まだ本ある？」と電話して聞くと、ちょっと遠慮がちに、「ケチケチちょっとずつ読むようにしてるんだけど、もう読んじゃった」と言う。

松山氏が「よくもまぁ、ベッドに入ったまま、ああして本ばかり読めるものだ」と呆れるほど。私も「そんなに毎日本ばかり読んで、飽きないの？」と聞くのだが、「ちっとも」とケロリとしている。

テレビやビデオなどの映像と違って、活字は向こうから飛び込んできてはくれない。自らが一字一字目で追って、脳を働かせないと理解できないのだから、かなり労力を要する。歳とともに本を読むのが億劫になったと感じるのは、私だけではないはずだ。

驚くべきことだが、八十四歳の高峰さんは老眼鏡が要らない。針に糸を通すのも、裸眼だ。だからと言って、一日四時間も五時間も、本を読みっぱなしというのは……。

だが、高峰さんは読書が大好きなのだ。小さい頃から好きだった。しかし五歳の時から映画界で働いて親族を養い、小学校も満足に通えなかったから、本どころではなかった。五十五歳で女優業を引退して、やれやれ、これで本が……と思った途端、待ってましたとばかりに今度は原稿を依頼され（私もそのうちの一人だから言えた義理ではないが）、また読書に浸る時間は持てなかった。喧嘩ごしのように執筆依頼を断り続け、「高峰秀子はもう原稿を書かないらしい」という噂が各出版社に浸透したここ数年、漸く、思う存分本が読めるようになったのだ。

だから、そっとしておいてあげよう。

というわけで、松山家を訪ねると、高峰さんは決まってベッドにいる。外国映画で見るような大きな枕を背もたれにして、本を読んでいるのだ。「なんか、赤頭巾ちゃんのおばあさんみたいだね」と私は笑ったことがある。「少し持ってきたよ」と私が本を差し出すと、「あ、嬉しい」と言ってベッドから起き出し、それらを抱えて、トコトコと台所の向かいにある書庫に持っていく。その姿は、蟻さんが大事な砂糖を巣に運んでいるみたいで微笑ましい。

ベッドの横に置いてある、とびきり大きな数字が表示されるデジタル時計が十時四十五分を示すと、高峰さんはベッドを出る。

昼食の支度である。

メニューは、うどんなどの麺類、あるいはチーズトースト、ベーコンエッグ。と書くと、極めて普通の感じがするが、松山家の素材はチョト違う。夫妻は食べることをとても大事にする。そして夫妻の知人やファンの方もそれを熟知していて、二人が好みそうな物を送ってくれるのだ。だから松山家に宅配便が来ない日はない。

例えばベーコンは、関西でも有名な神戸牛専門の老舗ホテルの関係者が送ってくれる。と言えば、おのずとわかるだろう、その質の良さが。そこから送られてきた牛肉を私は以前に食べさせてもらったことがあるが、ハッキリ言って、この世の物とは思えぬほど美味しかった。そして卵は、富山に住む高峰さんのファンの方が自宅で飼育しているウコッケイの卵、うどんもその方からの氷見うどん。うどんに入れるワカメは、松山氏の岩手医専時代の友人が三陸の新鮮極上を塩漬けにしたものを送ってくれる。私もよくお裾分けで頂くのだが、少し水に浸けると、ピカピカのキリキリの採れたてワカメに戻り、

この食卓は撮影のためではない。
これが松山家の普通の朝食スタイルなのだ。

歯ごたえがあって、とても美味しい。

だが前にも書いたように、あまりに宅配便が多いので、私は夫妻に頼まれて、一度お断りの葉書を作成したことがある。「老夫婦二人きりですし……お気持ちだけで十分ですので……」。だが「それなら量を少なくします」と、皆さんが変わらず送ってくれるのだ。もはや夫妻の人徳という他はない。

最近でこそ外出しなくなったが、高峰さんが食材を買うのは、デパートの地下食品売り場か、いわゆる高級スーパーマーケットに限られていた。別に高級志向なのではない。高峰さんは食材の〝質〟にこだわるのである。

十二時半、昼食が終わると、後片付けをする。あらかじめ湯で汚れを落とした食器をディッシュ・ウォッシャーにかける。

そしてまたベッドに戻り、再び読書。ベッドで本など広げようものなら三分で眠りこけてしまう私には到底信じられないのだが、高峰さんは絶対に寝ない。ひたすら読書。

午後三時、入浴。ただし松山氏が在宅している場合のみ。電話がかかったり宅配便が来た時に困るからだ。それと、貧血。高峰さんは昔から時々、貧血を起こす。一度など、ホテルで会食して席を立とうとしたら、急に気が遠くなり、床に横になった。周りの人は飛び上がって驚き、慌てて救急車を呼ぼうとしたが、「少しこのままにしてください。すぐ治まりますから」と、自分で説明したそうだ。だが以前、松山氏が留守の間に入浴していて気を失ってしまったので、帰宅した氏が死ぬほど心配して、「僕がいる時以外は風呂に入ってはいけない」ということになった。

寝る前に入らないのは、夕食の後片付けがあるからゆっくり入れないということと、その時間には松山氏も書斎脇の自分のバスルームで入浴するので、松山氏が留守状態と同じになるからだ。

従って、私がいつものように夕方、松山家にお邪魔する頃は、バスルームのトイレを拝借すると、壁のタオルかけに、入浴の時に使ったハンドタオルと高峰さんのパンツが洗って干してあり、既に乾いている。

十数年前、初めて松山家のトイレを拝借した時、高峰さんに「私のパンツが干してあるけど、気にしないでね」と言われたのを覚えている。平成二年に家を縮小してからはお客様を招ばないようにしたので、本来は夫妻以外がバスルームに入ることはないのだ。まだ高峰さんがよく外出していた頃は、その横にストッキングとブラジャーも干してあった。「直接肌につけた小さな衣類はお風呂に入る時、自分で洗う」という、女性のたしなみがある人だから。

読者の皆さん、自分のパンツを他の衣類と一緒に洗濯機で回していませんか?

午後四時半、夕食の支度を始める。下準備に時間がかかるものは朝のうちにしておく。

残念ながら、私は高峰さんが料理をするところを最初から最後まできちんと見たことがない。私が夕飯のご相伴にあずかる日は、たいてい五時前に伺うから、既に支度は完了しているのだ。だが、料理は出来立てを供すべしという人なので、煮炊きに時間がかかる料理以外は、食事中に作って出してくれる。だから三人で食卓を囲んでいても、高峰さんだけは何度も席を立って台所に行く。見ていて申し訳なくなるのだが、かと言って、高峰さんお手製の美味しい料理を私が手伝えるはずもなく、おとなしくしている以外にない。

松山氏も同じ気持ちで、昔、食事中に言ったそうだ。「君もここに座っていなさいよ」。すると高峰さんが、「私がここに座ってたら、お料理は出てきませんよ」。その通りである。なので、今は、「ごらん、ああして毎日きちんと料理を作ってくれる。有難いよ」と言いながら、カウンターの向こうの高峰さんを見ている。

こうして書いていて、ふと気がついた。私は、高峰さんが台所で音を立てたのを聞いたことがない。フライパンのジューッという音、まな板がかすかにトントンと鳴るのは聞いたことはあっても、食器や鍋をガチャガチャ言わせたのを一度も聞いたことがないのだ。

そう言えば、松山氏が言っていた。

「かあちゃんは、結婚して、皿や茶碗を一つたりとも割ったことがないんだよ」

結婚して五十三年、食器を一つも割ったことがない女性。どうです、あなたは？

ハイ、数え切れないほど割りました。それは私です（自宅でですよ）。

「あんたはがさつです」「君は動作が乱暴なんだよ」。ハイ、これも私です。

つまり、高峰さんという人は、何をする時でも、動作が丁寧。要は、神経が全てに行き渡っているのである。だからどこかにけつまずいた、ぶつかった、何かを壊したということが全くない。〝つい、うっかり〟ということが皆無の、驚異の人なのである。

それでいて、手早い。例えば私が食事中に、煙草の空き箱を台所のゴミ箱に捨てに行く。高峰さんは鍋で何か煮ている。その時、台所にあるのは、ガスコンロの上の鍋だけ。まな板もボウルもザルも包丁も、料理に使ったであろう物は全て片付いている。

そしてその時には、もはや翌朝のカフェオレを作るためのコーヒーメーカーと、コーヒーカップが二客、きちんとカウンターの上に並んでいるのだ。

夕方六時、夕飯が終わる。

誰にも後片付けを手伝わせない。高峰さんには自分のやり方がある。昼食時と同じように、全ての食器を湯で一度洗い、それらをディッシュ・ウォッシャーの決まった場所に並べて、洗剤を入れ、ボタンを押す。既に流しはきれいに拭かれている。そして生ゴミをきちんと袋に入れて縛り、翌朝、松山氏が外に出せるようにしておく。一日のゴミは全部、寝る前にまとめて、新しい袋を流しとゴミ箱に設置するのだ。

松山氏が三階で入浴している間に、高峰さんは台所を完全に片付けると、寝室の奥のバスルームに行って顔を洗う。

午後六時半、就寝。

そう、寝るのです、夫妻は六時半に。

だから、電話は遅くとも七時までにしてください。それ以降は鳴っても出ません。

前々回、起床時刻が六時半と、七年前に比べると一時間半早くなったと書いたが、それは、就寝時刻が早くなったからなのだ。それに伴い、夕食開始時刻も六時から五時へと繰り上がった。つまりそれだけ、二人とも年をとったということなのである。

しかし、八十四歳の高峰さんは、この規則正しい生活を、見事に三百六十五日、一日も休まず、今日も完璧に続けている。

〝細部に神は宿る〟ではないが、一見些細に見える日々の営みを見事に完遂できてこそ、大きなことも成し得る。逆もしかり。そのことを、高峰秀子という人は、黙って教えてくれる。


三月末日、曇り。麻布・松山邸。

邸前の桜が満開である。美しい。

――毎日、これほど規則正しい生活をして疲れませんか？　「今朝はもう少し寝ようかな」なんて思ったことはありませんか？

「全然ない。習い性になってるから」

――今日は面倒臭いから店屋物でもとか？

「とうちゃんがそういうもの嫌いだから」

――日常生活で旨とすることは？

「清潔整頓」

そして、意外なことを言った。

「でもこの頃、少しボケてきたよ」

――どこが⁉

「ん〜、全体として」

とんでもない。

その証拠に、この日の午後、私が麻布十番の大丸ピーコックで買い物をしていたら、高峰さんから携帯に電話がきた。「私がパリでよく行った所を書き出しておいたから、今日来る時、テープレコーダーを持ってきたほうがいいよ」

一週間ほど前、私が「次回は、かあちゃんが二十七歳の時にパリで半年暮らしたあとを辿って、パリに取材に行くよ」と言ったからだ。その取材がしやすいようにと、書き出しておいてくれたのだ。頭が下がる。

しかも夕食の前に話を聞くつもりだったにもかかわらず、私は買い物に気をとられて、テープレコーダーのことはすっかり忘れていた。かあちゃんは人の心が読めるのかな……。

これの、どこが「ボケて」いるか。

夕食の時、高峰さんは、ブナシメジとエノキダケの炒め物を朱塗りの片口に入れて出してくれた。美味しかったぁ！

前に来た時、私が「これ美味しいね。大好きだよ」と言ったのを覚えていてくれたのだ。

習い性——。

そう言い切れるまでには、とてつもない努力が要るはずだ。私は、高峰秀子の、瞬時も気を抜かない、その緊張感に今さらながら、深く感嘆した。

二十七歳のパリ
その足跡を訪ねて

パリ。かつて高峰さんが
住んでいた下宿にて、
ステンドグラスの前に立つ著者。
撮影・小野祐次

「私はパリへ行くよ」

「何しに⁉」

「『婦人画報』の取材。かあちゃんが二十七歳の時、半年パリにいた、その足跡をたどるの」

「おや、まぁ……」

高峰さんはなかば呆れ気味だった。

「かあちゃん一緒に行かないよね？」

「とんでもない！」

今度は完全に呆れた。

しかし数日後、メモをくれた。

「私がパリでよく行った場所を書き出しといたよ」

いつもながら、有難い心遣いである。

高峰さんは言った、

「パリは今頃だとまだ夜は寒いと思うから、重ね着できるような支度をしていきなさい」

松山氏は言った、

「気をつけて、気をつけて。その上に気をつけて。そして宝物を一杯持って帰っておいで」

私は〝父と母〟の温かい言葉で送り出された。

だが――。

五十七年前、高峰秀子の出発は、決してこのように幸せではなかった。

『宗方姉妹』『戦火を越えて』『佐々木小次郎』『女の水鏡』『カルメン故郷に帰る』『我が家は楽し』『続佐々木小次郎』。パリに発つ前の一年間、高峰秀子は実に七本の映画を撮っている。ギャラは当時の映画界で最高額の、一本百万円。時の首相・吉田茂の月給が四万円だったことを思えば、それがいかに高額だったかわかる。二十七歳の高峰秀子は既に日本一の女優になっていたのだ。

そんな彼女が、なぜ半年も日本を離れたのか。敗戦からわずか六年、日本人は何をするにも進駐軍の許可が必要で、渡航手続きにはメンタルテストまで受けねばならなかった時代に、遠いフランスの地まで……。

四月某日、朝、私はエールフランス機に乗り込むと、バッグから高峰さんの著書『わたしの渡世日記』を取り出した。そこには、昭和二十六年六月十四日、羽田空港を発つ前の彼女の心境が記されていた。

〈見送りの人々はおよそ二百人を超えていた。私はこれが女優としての最後になるかもしれない愛想笑いを浮かべてフラッシュを浴び、抱えきれないほどの花束を胸にヨタヨタとフェンスの外に出た〉

機内で高峰さんは思う。

〈観光旅行などという結構なご身分でもなく、名目は留学生でも、これといった勉強をしに行くわけでもない。ただ夜逃げ同然に自分の国から脱出して「時間を稼ぎに」外国へ行くようなヘンな人間など、この大勢の旅客たちの中には私以外に一人もいるはずがなかった〉

「女優としての最後」「夜逃げ同然」。

穏やかではない。

新聞は「デコちゃんのパリ遊学」と書き、空港では、映画会社の重役達が、端から出席するつもりなどない本人の気持ちも知らず、「カンヌ映画祭に初めて招待された日本の女優」を見送った。

高峰秀子が渡仏する本当の目的を知っている者は、誰もいなかった。

〈私が外国へ行く目的が、単に「時間を稼ぐ」以外になにもなかったか、といえば、そうばかりとは限らなかった。キザに聞こえるかもしれないけれど、私は、普通の人間同士がどれほどの親切や愛情を持ってお互いに支え合って生きているかを、自分の目で見、そして経験してみたかったのである〉

彼女をそう思わせたものは何か。そして彼女は何から逃れようとしていたのか……。

〈いつから、どこからということは思い出せないけれど、多分、私が少女から女性になった十二歳ごろから、母の私を見る目が徐々に変化してきたような気がする。バカに母親風を吹かせて私を威圧するような態度をとるかとおもえば、ヘンに切り口上になって他人を見るような目で私を見た。いま考えてみれば、母は日毎に女らしく成長する私を気味悪く思い「この娘を、どう処理したらいいものか」と迷っていたのかもしれないが、私は私で、精神的に安定感のない、まるではれもののような母を気味悪く思っていた〉

「母」とは、養母・志げのことである。実母を亡くした五歳になったばかりの秀子を攫うようにして北海道から東京に連れてきた人であり、その死が二人を分かつまで、終生、高峰秀子を呪縛し、苦しめ続けた人である。

本人の分析に異議を唱えるようで恐縮だが、私は、養母が変わった理由は〝金〟だと

〝今年のパリ祭は朝から雨でした〟
1951 年 7 月 14 日、革命記念日のパリの昼下がり。
下宿にほど近いモンパルナス地区へ
買い物に出た高峰さん。

思う。十二歳で松竹から東宝に引き抜かれた高峰秀子は天才子役から人気少女スターへと成長し、莫大な金を稼ぐようになったのだから。

金は人を変える。稼いでいる本人は少しも変わらなかったが、養母は変わった。娘のギャラを全て懐に入れ、豪邸を建て、贅沢の限りを尽くし、十数人の親戚を北海道から呼び寄せて養った、娘の稼ぐ金で。要は「高峰秀子の母」として威張り出したのである。

学校に通いたかった秀子、「学問が何だ。金さえあれば團十郎だって買えるんだ」と豪語した養母。人間性も価値観も、何から何まで違う二人の心が離れていくのは当然だった。養母には自分になびかぬ娘が我慢ならなかったに違いない。だからイヤがらせをした。

〈私に言わせれば、もはや母は狂気の人としか思えず、これ以上の忍耐は無意味だと考えた。といって、いま突然母から遠く離れれば、母は真実狂って何を仕出かすか分からない。私は庭の中に十五坪の小さい家を建てた〉

引越しの朝、養母は高峰さんの茶碗と箸だけ投げて寄越し、言った、「他の物は働いてお買いになったらよろしいでしょう」。

養母について語ればきりがない。ただ一言、凄まじい人だった。その凄まじさが、高峰さんがパリに発つ前、ピークに達していたのだ。

だが、高峰秀子が「逃れ」たかったものは、単に養母だけだったのだろうか。

〈私は、物心もつかぬ五歳のころから今日まで、いわゆる世間並みの生活をした経験がなかった。世間の人々が私を見る目は、いつも羨望か嫉妬か蔑視か追従（ついしょう）かのいずれかであり、こちらはこちらで、名子役とかスターとかいう虚名を追いかけて、ただ息せき切って走って来ただけである。親兄弟の愛情はすべて金を媒体として取引され、財布はスッカラカンでも、バスや省線や地下鉄には乗ったことがない。バスや省線に乗らないのはお高くとまっているからではなく、私は人々のまるで特別の人間を見るような好奇の目を感じることがなによりもイヤだったからである〉

賢明な読者ならもうおわかりだろう。

高峰秀子が最も逃れたかったもの、それは、〝女優・高峰秀子〟自身からだったのだ。

「半年も日本から消えれば、人は私のことなど忘れる。後援会も事務所もなくなる。私は学校に行っていないから何もできないけれど、お運びさんでも何でもして生きていこう」

日本一の女優はこんなことを考えていたのだ。

だから〝覚悟〟して日本を発った。旅先で自分に何かあっても養母が困らぬように、麻布の母屋を養母の名義に変え、十五坪の家を家具ごと売り払った金でパリ滞在費を作り、梅原龍三郎画伯描く「高峰秀子像」（一九七四年、国立近代美術館に寄贈した）と僅かばかりの日用品を銀行の倉庫に預け、自分の味方だったお手伝いのトヨさんに七カ月分

〈パリの後、一カ月アメリカに滞在した〉の給料を前渡しして知人宅に預け、さらに多忙の中を縫って二週間フランス語の勉強をした。

あんな養母のことなど心配してやらなくてもいいのに……。私は改めて養母に腹が立ち、気がついたら、ドゴール空港に着いていた。

直行便で十二時間。羽田↓沖縄↓香港↓バンコク↓コルカタ↓カラチ↓ベイルート↓ブリュッセル↓パリと、数え切れないほど乗り継いで、三十時間かけてオルリー空港に着いた高峰さんに申し訳ない気がした。だがその長い時間が高峰さんには貴重だった。

〈私は、三十時間の飛行時間中、まんじりともせずに、自分の過ごして来た幾年月をゆっくりと反芻し、次第に自分を自分に返してもらったような気持ち……つまり、高峰秀子ではなく、本名の平山秀子という一人の人格に、正面切って対面したのであった〉

夜、私はパリ市内のホテルに着いた。パリに来た実感は全くない。私はひたすら一つのことを考えていた。何としても探し当てたい。五十七年前、高峰秀子が暮らした下宿を。

翌朝、青空の向こうから教会の鐘の音が聞こえた。これは験がいい。高峰さんと同じだ。

〈パリ到着の翌朝、私は美しい教会の鐘の音に目をさました〉

見つかるかもしれない。いい予感がする。

そうだ、出かける前に、無事到着したことを松山家に知らせねば。今、東京は夕方五時、夫妻は夕食を始めた頃だ。

「おぉ、着いたか」

松山氏の声は遥かな距離を感じさせない。

「昨晩、着きました。今、朝の九時。ホテルの部屋はね……」

「無事に着いたらいいんだ。無駄話はよしなさい。忙しいんだろ。かあちゃんに代わる」

八十三歳の老人とは思えぬ対応だ。

「かあちゃ～ん、着いたよ」

「どう？　寒くない？　着る物は大丈夫だったの？」

高峰さんはどこまでも心配してくれる。

「今からかあちゃんのいた下宿を探しに行く」

「まだあるかしら。ずいぶん昔だし……」

「番地、覚えてないよね？」

「覚えてない」

「何か目印になるものは？」

「ないねぇ。五階建てだったことと、入り口が鉄の門扉になってたことぐらい」

私はパリ在住のコーディネイター鈴木さんと共に、同じくパリ在住のカメラマン小野氏の車に乗せてもらってホテルを出た。

〈マダム・テヴナンのアパートは、ピエールニコル街という、東京でいえば本郷辺に当たる大学街にあった〉

テヴナン夫人を紹介してくれたのは仏文学者の渡辺一夫氏。氏がソルボンヌ大学留学中に下宿した家だ。市街の一流ホテルに滞在しようと思わなかったところが高峰さんらしい。テヴナン夫人は当時五十代後半か。ソルボンヌ大学の教授の未亡人で、昼間は学芸員としてルーヴル美術館に勤めていた。一緒に住んでいた老母ともども大変な日本びいきだったという。

「ここからがピエール・ニコル街です」

鈴木さんの声が天啓のように響いた。

それは、セーヌ河岸から南北に走るサン・ミッシェル大通りを二ブロック東に入った、二百メートルほどの静かな通りだった。

この道を高峰さんは毎日歩いたのか……。

私はタイムスリップでもしたような不思議な気持ちで、通りを歩き始めた。

しかし一体どの建物だ……。どれも風格のある石造り、殆どが五階から七階建て。鉄の門扉があったと言ったが、それはどの家にもある。私は今朝のいい予感も忘れて、高峰さんの初の著書『巴里ひとりある記』に載っている、自室のテラスで微笑む高峰さんの写真を見つめていた。

その時、鈴木さんが言った。

「これがヒントになると思うんです」

彼女の指先は、写真に写ったテラスの〝柵〟を差していた。

「建物さえ残っていれば、テラスも当時と変わってないはずです。この柵の模様を頼りに探せばいいんじゃないでしょうか」

その通りだッ。

私達は首が疲れるほど上ばかり向いて、全ての建物の最上階にあるテラスの柵の模様をしらみつぶしに確認していった。

違う、違う、これも違う……。

「この角でピエール・ニコル街は終わりです」

やや落胆した鈴木さんの声がした時、

「これだ！　テラスの柵の模様が同じだもの」

私は頭上を指差して叫んだ。

「でもこれ、六階建てだ……」

私は階数が違うのに気がついた。

「たぶん高峰さんはフランス的な数え方をしたんですよ。フランスでは一階を階数に入れませんから」

と鈴木さん。

「絶対これだよ。だって、この写真の太陽光、明らかに西から差していて、この建物も位置からするとテラスにはこの方向から光が……」

凄い。小野氏がプロの洞察を示した。

それはピエール・ニコル街の一番奥、別の通りに曲がる、ちょうど角に建っていた。一階の窓には防犯用の白い格子が施され、二階の窓はアーチ型、三階から六階までの窓に写真と同じ模様の柵が付いている。何世帯入っているのか、窓は全部で三十以上はあり、通りが曲がるカーブに沿って建物全体も優雅な曲線を描いている。外壁は美しいベージュ色の石。私は「名探偵ポワロ」が住むホワイトヘブン・マンションを思い出した。

ここか……。私は大きく息をついた。

「尋ねてみましょう」

鈴木さんに促されて玄関のベルを押すと、眼鏡をかけた人の良さそうな中年の婦人が現れた。

鈴木さんがフランス語で事情を話す。

「知ってるそうですよ、マダム・テヴナンを」

ええ！　歓喜する私に、婦人は笑顔を向けながら中に入れてくれた。

どこか古い大学の研究棟を思わせるような、ひんやりとして薄暗いロビー。左にその婦人が住む管理人室がある。彼女はジャクリーヌというポルトガル人で五十八歳だという。聞けば、じかにテヴナン夫人を知っているわけではなく、高峰さんがいた最上階にその後住んでいたルネ・ポミエという人からテヴナン夫人のことを何度か聞いたことがあるというのだ。

「ポミエ氏はテヴナン夫人から、日本人の女性が戦後まもない頃ここにいたのを聞いたと言っていませんでしたか？」

鈴木さんに通訳してもらう。

だがそのことは聞いていなかった。そしてポミエ氏も七年前に九十四歳で亡くなり、現在はその子息が住んでいるという。

管理人さんは六階に連絡してくれたが、あいにく留守だった。しかし先ほどまで掃除の女性が来ていたから部屋の中を見られるかもしれないと六階まで案内してくれた。が、一足違いで、その掃除の女性も帰っていて、部屋は固く閉ざされていた。

管理人さんの話でわかったことは、ルネ・ポミエ氏は映画人で、テヴナン夫人とは従

下宿のテラスにて。
写真を撮影したのはプロのカメラマンではなく、
当時パリに留学していた友人の画家・中原淳一。

兄弟同士。だから高峰さんが滞在していた時はテヴナン夫人が所有していたが、その死後、ポミエ氏が所有するようになったのではないか。氏の子息はここ以外にも幾つか市内に家を持っており、今はそのいずれかに行っていると思うが、その連絡先はわからないということだった。だが管理人さんは非常に親切な人で、私達と話している間も、住人がロビーを通る度に「テヴナン夫人のことを知らないか？」と聞いてくれ、また住人達も老若を問わず、快く立ち止まって話に応じ、皆一様に、はるばる東洋から来た私に「残念だけど知らない」と慰めの笑顔を向けてくれた。

しかし、階段や踊り場を見ることができて、そこの撮影もさせてくれた。

〈私は五階までの階段をゆっくりと上っていった。石造りの階段は、カツン！　カツン！　と鋭い音を立てて、アパート中に響き渡った。階段は真っ暗である。一階の階段の壁に押しボタンがあり、それを押すと一分間だけ電灯がつき、ちょうど二階へ着くころに消える。また二階の押しボタンを押す……。アイデアはいいけれど、上っている途中で消えると真っ暗闇の中を手さぐりで上らなくてはならなかった〉

今は大理石の階段の中央に上品な絨毯が敷かれているから「カツン！　カツン！」と音はしない。それにしてもこの吹き抜け階段の何と見事なことか。壁には大きなステンドグラスが施され、春の外光に輝いている。階段の手すりの下には繊細な鉄の透かし彫り。そして天井、各階のドア、床……全てが黒光りする硬質の木でしかも丁寧に面取りされている。

私は、五十七年前、高峰さんがそこに触れながら上ったであろう手すりを何度も撫でて、胸が熱くなるのを感じた。

一分で消える階段上の電灯、四人乗るのが精一杯の古式ゆかしいエレベーター、何もかもが五十七年前のままだった。

この建物が建てられたのは一九〇五年。日本で言えば宮大工のような職人が当時の粋を凝らして完成させたに違いない。このような二十世紀初頭の住宅は、この界隈でも珍しいという。そして当時も今もこの家に住むためにはかなりの経済力が必要だそうだ。

管理人さんに篤くお礼を述べて、もしポミエ氏の子息がお帰りになったら鈴木さんに連絡してくれるよう約し、私達は辞した。

翌朝、さっそく高峰さんに報告した。

「まだあったの？　まぁ、マダム・テヴナンを知ってる人がいたって⁉」

何事にも動じない高峰さんも、さすがに驚いていた。

日曜日、私は動物園に行った。高峰さんがパリに来て初めて訪れた場所、ボア・ド・ヴァンセンヌの動物園。その時も日曜だった。

テヴナン夫人は檻の前に立っては、高峰さんに「ゾウ」「ライオン」と教えてくれ、高峰さんはテヴナン母娘とベンチに腰掛けてアイスクリームを食べている。

〈「これが、普通の人の日曜日なのか……そういうものなのか……」〉

まるで『ローマの休日』のアン王女のように「普通の生活」を味わうのである。

残念ながら、私が行った時はもうゾウもライオンもおらず、せめて動物園らしいのはキリンとカバ、それもミニカバ。日曜だというのに客は殆どおらず、商売っ気ゼロ。しかしその鷹揚さと広大な美しい自然が、いかにもパリらしく、好ましかった。

その後二日間、私は高峰さんが行った市内の各所を訪れた。奇跡の建築物としか言いようのないオペラ座、由緒ある劇場コメディ・フランセーズ、サント・シャペルやノートルダム寺院の目を見張るばかりのステンドグラス、カフェ・マドリガル、カフェ・ル・フーケ、カフェ・ド・ラ・ペ……。だが私の脳裏には、ピエール・ニコル街七番地のあの建物が強く刻み付けられて離れなかった。

その次の日、再び鈴木さんと、今度はピエール・ニコル街周辺を歩いた。

日本にいた時は殆ど一人歩きというものをしたことがない高峰さんが、下宿の付近を探検している。学生街ならではの本屋、文房具店、画材屋、あるいは菓子屋、カフェ、靴屋……。様々な商店を一人で眺めて歩くのは、高峰秀子にとって生まれて初めての経験だったことだろう。

私も探検してみよう。

だが小雨が降り始め、それが途中から氷雨になり、遂に、あろうことか雪に変わった。

「四月に雪なんて珍しいです」と鈴木さんも驚いていた。

寒さが身にこたえるせいか、私はイヤなことを思い出した。それは高峰さんがパリにいた間、養母から来た唯一の便り。「カネオクレ」という電報。返す返すも信じられない人だ。いや、忘れよう。高峰さんだってそうしたはずだ。それに嬉しい便りも来た。パリへ発つ寸前まで撮っていた『続佐々木小次郎』のスタッフからの寄せ書き。裏方さん達のことが大好きな高峰さんは、彼らに対して「私だけこんな所でのんびりして申し訳ない」と思うのだ。

そしてもう一つ不思議な物が郵送されてきた。一冊の単行本、林芙美子の『浮雲』。だが差出人の名はなく、手紙も入っていなかった。四年後、まさか自分がその映画に主演し、生涯の代表作になるとは、その時の高峰さんは知る由もない。誰が送ってきたのだろう。

そんなことを考えながら、私はピエール・ニコル街と平行して走る東側のサン・ジャック通りを震えながら歩いていた。鈴木さんによれば、それはパリでも一番古く、中世に整備された道だそうで、南は何とイタリアにまで通じる古道だという。レストラン、肉屋、音楽演劇学校、カフェ……。だが高峰さんが著書に書いたような店は残っていなかった。そして高峰さんが急に髪が切りたくなり、「足柄山の金太郎の如きオカッパスタイル」になった美容院も。

だが「急に髪が切りたくなった」というかにも普通の女性らしい思いを高峰さんが実現できたことが、私には嬉しく、寒さを忘れて、一人微笑んでいた。

もしやポミエ氏がと思い、帰りにピエール・ニコル街七番地に立ち寄ったが、今度は管理人さんさえ留守だった。思えばあの日、話が聞けたのはラッキーだった。

幸い雪が上がったので、私達はそこから歩いて十五分ほどの、高峰さんもよく一人で散歩したリュクサンブール公園に向かった。

日本の公園と違って人が少なく、実に清々しい。とても管理が良く、高い鉄柵に囲まれた入口には守衛さんがいて、夜は門が施錠されるという。そして憩う人々のマナーも良いのだろう。園内にはゴミ一つない。恐る恐る「唾を吐く人なんか……」と聞いてみると、「あり得ません。そんなことをしたら罰金です」と鈴木さん。東京のわずか四分の一の人口が、いかに町を愛し、誇りにしているかが、この公園一つとってみてもわかる。

私は『巴里ひとりある記』を取り出して、芝生に座って微笑んでいる高峰さんの写真を見た。黒いシックなワンピースを着たその笑顔は、女優という重い鎧を脱ぎ捨てた一人の若い女性のそれだった。

この写真は画家の中原淳一が撮ってくれたそうだ。当時、パリにいる日本人は数えるほど。若き中原もその一人で、シャンソン歌手の高英男と、各々、絵とシャンソンを勉強するために、カルチェラタンの高峰さんの下宿から遠くない所に暮らしていたのだ。

高峰さんは初めてこの地で「普通の生活」を得たのだが、中でもこの二人としたことはその最たるものだったかもしれない。

〈そのホテル（中原と高が住む＝著者註）は学生用のオンボロホテルで、部屋にはバスルームなどというシャレたものはなく、廊下にシャワールームがあって、コインを入れるとガスの火がつき、一人分の湯が出るという仕掛けのものだった。（略）あるとき、私たちは一人分のコインで二人続いてシャワーを浴びようと悪企みをした。高英男が大急ぎでシャワーを浴び、続いて飛び込んだ私が体中を洗いはじめたとたんに、シャワーの湯がアッという間に冷水にかわった。石鹸だらけのまま飛び出すわけにもいかず、私は裸で夕立にあったような格好になり……〉

学生生活の経験がない高峰さんにとってどれほど新鮮で楽しい出来事だったか。

だが、これで大風邪を引いてしまう。そして〝孤独〟を味わうのだ。

なぜならその時、テヴナン母娘はバカンスのため一カ月余り家を空け、他の住人も同じくパリを離れていたため、六階建ての建物には高峰さん一人きりだったのだ。

〈私は高熱を出して三日三晩ベッドにひっくり返っていた。外にはシャワーならぬ本物の豪雨が沛然（はいぜん）として降り続け、雷鳴が轟き、稲妻が走った。薬を買いに出るにも傘がなく、口に入れるものはボンボン一個なかった。呼べど叫べど、アパートの中には猫の子一匹いるわけではない。私はまたつぶやいた。

「やっぱ、人間は一人ぽっちじゃ生きられねえんだな」

熱が下がるとお腹が空いた。私は雨の晴れ間をみて、食事に出ようとして洋服を着た。天井の隅に、何か小さなものが動いていた。何日間も掃除をしなかった部屋の中に、クモの巣がはりだしたのである。私はあわててフランス語の字引で箒（ほうき）という字を引いた。

「箒……箒……バレか。バレ、バレ」

私は口の中でバレバレとくりかえしながら、雑貨屋へ走った。行きつけのレストランで食事をし、長い柄の箒をかついで下宿へ戻る途中で、私はふっと振り返って空を見上げた。燃えるように赤い夕焼けだった。突然、淋しさが私を襲い、涙がにじんだ〉

近くにいる中原と高に電話して助けを求めればいいものをと思うのだが、「高い費用を工面して勉強に来ている彼らに迷惑をかけたくなかった」という。

そして、これこそが高峰秀子の真髄だ。

〈「この淋しさを無駄にしてはならない。いつかこの淋しさを、楽しかった思い出として懐かしむようになりたい……いや、なるんだ」〉

だがアパートに一人きりで一週間、二週間と経つうち、

〈一日中、だれとも口をきかない、ということが、なんとも説明の出来ない疲れとなって現れ、欲求不満は日一日と苦痛に変わっていった〉

高峰さんは一体の人形を買う。小さい頃から人形など大嫌いだった人が百ドルもする高価な人形を。そして外から帰ると人形に「ただいま」と話しかけ、夜ベッドに入る時はそっと隣に横たえた。

私は、高峰さんがその人形を買ったというデパート、ギャラリー・ラファイエットに行ってみたが、もちろん現在ではそのような人形は売っていなかった。

デパートから高峰さんに電話した。

「あの人形はその後どうしたの？」

「帰国した後、デブ（養母）にあげちゃって、そのあと、どこへ行ったのか」

何でデブなんかにやるかなぁ……。

しかし確かに、高峰さんはこの地で平安を得たのだ。

〈寝てもさめてもササラのようにさか立っていた神経がだんだん納まるにしたがって、怠け者の本性がのさばり出したのか、私は一日のうちの半分くらいはただゴロンとベッドの上にひっくり返り、気が向くと足の向くまま散歩をしたり、目的もなくバスに乗ってみたり、オペラや寄席を覗いたりした。映画館の前はいつも素通りで、私は早くも自分が女優だったことさえ忘れはじめていた〉

パリ滞在最後の日の午後、私はセーヌにかかるポン・デ・ザール（芸術橋）に立っていた。そして欄干からシテ島を眺めていたその時、突然、高峰さんの言葉が蘇った。『つづりかた巴里』の中の言葉が。

〈私が結婚をしたのは昭和三十年、パリに半年暮してから三年ちょっとたってからだった。私はパリに半年しゃがんでいることによって、心身共に健康を取り戻したようである。その結果が「結婚」という姿で現れた、ということは、つまり、私は私の結婚をパリで拾った、といってもいいだろう〉

五歳の時からただ走り続け、歩をゆるめることさえ許されなかった高峰秀子は、このパリで初めて立ち止まり、休息できた。

そして生き返った、再生したのである。

その夜、私は一人、ルーヴルへ行った。閉館まで一時間しかない。目指すはただ一つ。サモトラケの勝利の女神、ニケ。

広大な建物を、係員に「Where is Nike?」と何度も聞きながら、走るようにして歩き回った。

あった！　まるで下界を見下ろすかのように、その女神は何十段という階段の上に立ち、翼を広げ、軍船の舳先から天空に向けて敢然と胸を張っていた。

ニケ……。かあちゃんが大好きなニケ……。私はその足元に跪きたい衝動に駆られな

1961 年、結婚後初めてのパリ旅行を楽しむ 2 人。
高峰さんが 1 人で滞在してから 10 年の歳月が流れている。

がら、一段、また一段と女神に近づいていった。そして上りながら、なぜか涙が出た。顔のない女神、ニケ。何者をも恐れず、まっすぐに風を受けて立つ女神。私には、それが、高峰秀子に見えた。


帰国三日後、急ぎの原稿を仕上げて、私は松山家を訪れた。

「大変だったねぇ。疲れたでしょう」

パリへ行く前後の私の多忙さを知っていた高峰さんは、優しくねぎらってくれた。

「無事で何よりだった」

〝父〟は言葉少なく、だが同様に優しい。

やはり私は幸せ者だ。

だがパリから帰国した高峰秀子はこのように温かい言葉では迎えられなかった。

〈映画関係者をはじめ大勢の人々が出迎えていて、パリボケとチーズ太りでドタドタしている私に向かってフラッシュがたかれた。その最中につかつかと私に歩み寄った母が、私を睨みつけるような目をして開口一番に言ったのは、

「これで、あんたも親のありがた味が分かっただろう……」

という、なにがなにやらちっとも分からない一言だった〉

おまけに帰宅した麻布の家は大料亭に変わっていた。そして翌日から、高峰さんは宿

泊費から食費、クリーニング代まで請求されるのだ、その料亭の女主人となった養母から、自分の家であるにもかかわらず。

「ったく、デブは……」

私は思わず呟いてしまった。

「ん？　何？」

高峰さんが怪訝そうに聞いた。

「あ、何でもない。それより、パリの写真、パリの写真」

私はデジカメからプリントアウトした写真の山を、得意げに高峰さんの前に置いた。

「ほら、これ、ノートルダム寺院」

「サン・ミッシェルじゃないの？　このステンドグラスは」

「あ、そうかも……」

高峰さんのほうがよく知っている。

「で、これがかあちゃんのいた下宿！」

さすがに下宿の一連の写真にはほんのちょっと手を止めたが、後は「懐かし懐かし」と言いながらどんどん見ていく。

コレコレ、もっと感慨を持って……。

「二人で初めてパリに行ったのは僕が小説を依頼された時だったね」

と松山氏。

「そうね。あの時はパリのホテル・ベッフォールを拠点にして、英国、ドイツ、イタリアに行ったわね。そしてパリでは蚤の市で……」

高峰さんが楽しそうに話す。

「あの、お話の途中ですが、その時、二人でピエール・ニコル街へは行かなかったの？」

「行かない」

「リュクサンブール公園には？」

「全然」

「昔、私は一人でここにいたのよ、とか？」

「言わない。私、そういうこと言わない人だから」

「僕も興味ないから」

ナンだ、それ。

「でも『結婚をパリで拾った』んだよね？」

「そんなこと書いたっけ？」

な、なんだとぉ！

「さ、ご飯にしよう」

さっさと台所に行ってしまった。

「善三さん、お酒つけるでしょ？」

「うん。先にビール飲むけどね」

幸せそうな二人。

だが、これでいいのだ。

〈いつかこの淋しさを、楽しかった思い出として懐かしむようになりたい……いや、なるんだ〉

そして高峰秀子は、本当にそうしたのだ。確かに「結婚をパリで拾った」のだ。

台所に立つ高峰さんの小さな後姿に、私はふと、あのサモトラケのニケを思い浮かべた。

媚びない

一

私はこの二十年余りの間に数百人の女優に取材し、また小さい頃から映画やテレビで数え切れないほどの女優を見てきたが、高峰秀子ほど〝媚びない〟女優を知らない。

広辞苑によると、「媚びる」とは、「相手の歓心を買うために、なまめかしい態度をする。いろっぽくふるまう」こと。

ちなみにこの広辞苑を編纂した新村出（しんむらいずる）翁は高峰秀子の大ファンで、高峰さんが結婚後まもない頃、京都から上京した際、前触れもなく松山家を訪れ、夫妻が留守だったので、お手伝いさんに名刺を置いて帰ったそうだ。帰宅した松山氏はその名刺を見て大いに驚き、「大変だ。あの広辞苑を作った人がうちに来たんだ」と妻に告げると、妻は「コウジ苑？　どこの中国料理屋だ？」と言ったという。

博覧強記、名文家の高峰さんにもそんな時期があったのだ。つまり、まだ辞書の引き方を知らず、読めない字に出会うと新聞や雑誌を引っくり返して同じ字を探し、読み方を類推していた五十年前の、新婚時代。「何をしているの？」、不思議に思って尋ねた夫はその理由を聞いて驚愕。さっそく自分が中学時代に使っていた古い辞書を与え、引き方を教えたという。

五歳の時から映画界で働き続け、満足に小学校にも通えなかった高峰さんは、少女の頃から思っていたそうだ、「辞書は私みたいなバカが触ってはいけないものだ」と。だから「広辞苑」も知らなかった。可哀想に……。

というわけで、人が媚びる時というのは、広辞苑に記されているように、相手の歓心を買いたい時、言い換えれば、自分を良く見せたい、自身に益あれかしと願う時だ。

その点で言えば、女優を生業にしていて媚びないというのは、致命的と言えなくもない。なぜなら、女優は〝見られてなんぼ〟の商売であり、一人でも多くの人の「歓心を買う」ことが使命だと考えられているから。

だが、本当にそれが女優の使命だろうか。

高峰秀子が最後まで女優業を好きになれなかった理由は、まさにここにある。

彼女は媚びるのが大嫌いだ。というより、できない。

高峰さんは自分の性格を、「そっけない」と言う。お世辞も言えなければ、愛嬌を振りまくこともなく、持って回った言い方もできない。ただ、率直である。

本来なら、人気稼業には一番向かない性格だ。そういう人がなぜ女優になったのか、その経緯は何度か書いたのでここでは省略するが、では、なぜそんな性格の人が、日本映画史に名を残すような大女優になり得たか。

それは、彼女が女優という職業の本当の使命を知っていたからだ。

それは人間を演じること。媚びることではない。役柄を理解してその人物になりきることであり、演じている自分を観客に良く見せたり美しく見せて歓心を買うことではない。だから彼女はスクリーンの中で意味なく微笑んだりはしない。役柄を演じている最中に、ブロマイドのような「いいお顔」でニッコリなどということはないのだ。あくまで役の人物の心理に応じた表情をする。

だが商売だから、意に染まないことをしなければならない時もあった。殊に超人気アイドルだった少女時代。当時、養母は金に飽かせて成城に大豪邸を建て、庭にバラのアーチなどこしらえた。そこでよくグラビア撮影をした時のことを、高峰さんはこんな風に言ったことがある。

「バラのアーチも嫌いだし、その傍でニッコリなんて大嫌いだった」

彼女はバラが好きではない。高峰秀子が好きな花は、都わすれ。小さな紫色の楚々とした花。ここにも彼女の人柄がよく表れている。

つまり、高峰秀子が人々に愛され、大女優にまでなったのは、見事に人間を演じ切ったからに他ならない。その上で、美しく魅力的だった。言わば女優としての王道をまっすぐに貫いて五十年を全うしたのである。

これは、観ている人間を置き去りにすることとは違う。高峰さんは仕事に対して非常にシビアだ。人様からお金を戴くということを極めて真摯に受け止めている。

仲良く一緒に、ガーデンパラソルを立てようとする夫妻。

「わざわざ映画館まで足を運んで、自分の財布からお金を出して、別に私を観に来たわけじゃないかもしれないけど、少なくとも私が出ている映画を観に来てくれたお客さん。その一人一人が私の勲章です」

十何年前、私は高峰さんからこの言葉を聞いた時、心が震えた。あぁ、高峰秀子とはこういう人なのだ、と。

高峰さんは、大切な〝違い〟を知っている。

それは、常に見る人間がいることを認識することと、媚びることとは別物だということである。客観性と自意識とが妙に似ていて実は全く違うように。

だが、これらを区別し、ましてや実践することは簡単ではない。だから多くの女優は媚びる。それは、もともと人間が弱い動物だからだと私は思う。欲が人間を弱くさせる。相手に良く思われたい、自分を美しく見せたい、それは明らかに欲望であり、弱みである。それが自分の職業となればなおのこと、観客に好かれたい、もっと人気を得たい……欲望の権化となる。

「求めない」の章で書いたように、高峰秀子という人は、極端に欲望が少ない人だ。私みたいな欲張りからすれば、その精神構造は信じ難く、だから私は時々、高峰さんを見ていて、「この人にはあらゆることがどうでもいいんじゃないか」と思えてしまうのだ。

生まれつきの性格もあるだろうが、私は、高峰さんが極端に欲望が少ない人間になったのは、その先天的な資質プラス、後天的な条件が大いに作用していると思う。彼女は人間を理解しすぎてしまったからだと。私などが使うには気恥ずかしい言葉だが、「無常」ということ。それを彼女は知ってしまったからではないだろうか。

五歳の幼児期から大人に混じって働きながら、彼女が見てきたもの。それは普通の子供が見ない、あるいは目にしても理解できないもの。人間の欲望、虚栄、欺瞞……。人間の暗部だ。これは何も高峰秀子だけに限らず、子役として有名になった人間なら誰しも経験することである。だが普通の子供には、暗部が暗部として認識できない。だから俗に言う、子役は大成しない。幼くして金を稼ぐことによって家族や周囲の人間が舞い上がり、勘違いを始める。中でも稼いでいる本人が一番勘違いする。大人にチヤホヤされ、自分の言うことは何でも通り、やがては自分を見失う。挙句、本業に専心することを忘れ、スキャンダルばかりで世間を賑わすようになるのだ。

現に高峰さんの養母も勘違いした。

だが一方で、この養母の存在は、高峰秀子が自身の価値観を強固なものにしていく上で役立ったとも言える。「私は母を反面教師にした」と、高峰さん自身が言ったように。

しかしこれとても容易にできることではない。例えば、「自分の親のようにはなりたくない」とか、「イヤぁね、あの人。あんなみっともないことをして」と言いながら、気がつけば自分も似たようなことをしていたというのが、私を含めた普通の人間である。

高峰秀子は普通じゃない。

では一体、何が普通じゃないのだろう――。これこそが、私が初めて高峰さんに出逢った時からずっと考えていることだ。だからこういう連載を書かせてもらっている。書かせてもらいながら、考えている。読者にも一緒に考えてほしいと思っている。だが読者に「考えといてね」と宿題をおっかぶせたまま知らんぷりはできないので、自分でも考える。

だが残念ながら、私には確たる答えがない。だからせめて、私が二十代の頃に感じた〝三種類の人間〟に当てはめて推し量ってみる。

①何もわからない人
②わかっているが実践できない人
③わかっていて、なおかつ実践できる人

私の経験では②が一番多い。だが同時に②は一番不幸だ。わかっていて実践できないのだから、挫折感や自己嫌悪を感じる。そして、実践できないということは「わかっている」ことにはならないのではないかという恐怖にさいなまれる。幸せなのは①と③だ。ただし中身は正反対であり、③に入るのは至難だ。

高峰秀子は明らかに③の人である。

では①から③の「わかる」「わからない」の目的語は何か。国語の問題みたいだが。

それはたぶん、人としての理想だ。言ってみれば、人としてどうあるのが麗しいか。本当の幸福とは何かということ。

高峰秀子は、それを知っている。そして実践できる。そこが普通じゃない、というのが私の結論である。

人間の暗部がいかに人を醜くし、不幸に突き落とすことかを、彼女は幼心に「わかり」、養母を見ていて「こんな風になりたくない」と思った。だから自身がこうありたいと思う方向を目指して生きてきたのだ。

実践することは、本当に難しい。

全ての人間が実践できたら、この世に争いも犯罪もないはずだ。

では、高峰秀子はなぜ実践できるのか。

私はある時、思わず高峰さんに言ったことがある。「かあちゃんの脳ミソをほんのちょっとでいいから私に移植して」「かあちゃんみたいになれる薬をおくれ」。ただのバカである。

だがバカっぽいが、これは私の本心だった。それほど私からすると、「かあちゃん」などと呼んではいても、高峰秀子という人の精神性は手の届かない所にあると痛感する。

だから「なぜ高峰秀子は人としての理想を実践できるか」に対する私の本音は、「それがわかったら苦労はない」である。が、これもあまりに無責任なので、再び、ない知恵をかき集めて考えてみる。

たぶんそれは、意志の力、厳しさだ。常にもう一人の自分が自分を見張っていて、「お前はこれでいいのか」と問いかけ、「これでいい」と思うまで自分を許さない。そしてそれを生涯続ける。その精神力はもの凄いものに違いないと、私は推察するだけだ。

しかし、現実の高峰さんはいつもゆったりしている。悠然と微笑んでいる。眉間にシワを寄せたり憂い顔をしているのを見たことがない。小難しい理屈を言ったのも聞いたことがない。先に書いた「無常」などという言葉が彼女の口から出たためしもない。ただ毎日、ご飯を作って、本を読んでいる。一言、「恬淡（てんたん）」である。

高峰秀子という女優が人々に愛され続けたのは、きっと、これだ。

彼女は他者に対して自分を押し付けない。どう思ってもらっても構わない。好かれようと嫌われようと、人は人、自分は自分。人の心を縛らない。高峰秀子は野生動物のように、無心であり、無我なのだ。その作為のなさが、人の心を惹き付ける。無心であることほど、可愛らしいことはない。

媚態と可愛らしさは、違う。

某日、麻布・松山邸。

「さぁ、この一番に勝ったら、明日の千秋楽を待たずに琴欧洲の初優勝が決まるよ」

私は、食卓で高らかに言った。

夫妻は、普段はテレビを観ないが、松山氏が相撲が好きなので、大相撲中継のある時期だけは、時々、食卓に小さなテレビを置いて、最後の三十分ほどを観る。

「安馬（現・日馬富士）と対戦かぁ。でも今回は琴欧洲に勝たせてやりたいねぇ」

松山氏は小兵の力士、安馬がごひいきだ。

「かあちゃん、かあちゃん、早く。始まるよ」

私は、台所にいる高峰さんを呼んだ。

高峰さんが台所からこちらに来る。

「琴欧洲はレスリングやってたんだよね」

席に着いた高峰さんが言った。

「へぇ、かあちゃん、よく知ってるね」

私は意外だった。

「秀さんは時々すごいことを知ってるんだよ」

松山氏が笑った。

高峰さんは本当は相撲など興味がない。というよりスポーツ全般に興味がない。スポーツというものをしたことがないから。そして食事の時にテレビをつけるのも嫌いだ。だが、夫が相撲を好きなので、一緒に観る。観ているうちに有名な力士の名前だけ覚えた。

琴欧洲が勝った。その時、ブルガリアから来日した彼の父親が観客席で嬉しそうに国旗を持って立ち上がろうとする姿が映った。アップになった琴欧洲自身も目が潤んでいる。

「涙が出ちゃうね」

松山氏がちょっと涙声で言った。

私は既に涙を拭いていた。

「琴欧洲のお父さん、嬉しそう」

高峰さんが言った。

そして私達は、高峰さんのファン・Nさんがいつも松山家に送ってくれる上等な柿の葉寿司を食べながら、楽しい宵を過ごした。

これだけのことである。

だが私は感動した。琴欧洲が優勝したことよりも、その優勝を懸けた一番を観ている夫妻の様子を見て。

たとえ自分が興味を持っていなくても、自分の好きな人が好きなものを、一緒に楽しむ。私は、高峰さんのそんな気持ちを、ひどくいじらしく、可愛らしいと思った。

彼女は、何より誰より夫を優先する。優先するあまり……。

私はあることを思い出した。そして、一人、思い出し笑いをした。

「何、笑ってるの？」

高峰さんが聞いた。

二

さて、前回、私が思い出し笑いしたこと。

それは、高峰秀子という人が、いかに〝夫だけ〟を大切に思っているか、それを象徴する出来事だ。

忘れもしない。十年ほど前、ある出版社で高峰さんの写真集を作るため、ホテルの喫茶室で、編集者と打ち合わせをした時のことだ。

「編集の方針としてA案とB案というのがあるのですが、僕はA案がいいと思うんです」

真面目な編集者H氏は言った。

「そうですね」

私は即座に賛成した。

ところが、

「いえ、Bがいいと思います」

高峰さんが異議を唱えたのだ。

意外だった。何事につけても、私は高峰さんと意見が分かれたことがないし、第一、この場合は、どう考えてもAのほうがいい。

「Hさんの言うように、A案がいいと思いますけど」

私は内心で高峰さんの翻意を願った。

「いいえ。Bです」

しかし、高峰さんは断固として変えない。

「そうかなぁ……」

私が納得できないでいると、H氏が、半ば諦めたように言った。

「では、Bということで」

そりゃ、そうだろう。高峰秀子の写真集について、高峰さん自身がそう言うのだ。誰も反対できるはずがない。

その二時間後、松山家で。

高峰さんが台所で料理をしている間、私はダイニングのソファで雑誌をめくっていた。

台所仕事は決して手伝わせてくれないし、三人分の皿や箸は、既に外出する前に高峰さんがテーブルの上にきちんと並べてある。いつもながら、準備がいい。

松山氏が書斎から下りてきた。そこへ、タイミングよく高峰さんが、アツアツのニラ玉を運んでくれた。

三人が席についたところで、私は言った。

「とうちゃん、今日ね、写真集の打ち合わせをした時、A案とB案というのが出たの」

誰がどれを推したかということは言わず、それぞれの案の内容だけ伝えた。私は、松山氏の純粋な意見を聞きたかったのだ。

すると氏は、ビールを注ぎながら、こともなげに答えた。

「そりゃ、Aだろう」

その時である。

間髪を容れず、高峰さんが言ったのだ。

読者の皆さん、何と言ったと思います⁉

「そうよね。私もそう思ったの」
ブ、ブエェーーッ！
私は思わず、持っていた箸を取り落とすところだった。

記憶喪失か？　嘘つきか？　ボケたか？

私は何が何やらわからず、絶句。

かろうじて言えたのは、

「だ、だ、だって……」

私がアワアワしていると、

「さ、早く食べなさい。冷めるよ。ニラ玉、美味しいどぉ」

美味しいどぉ、って、あんた……。

私は言いたかった。

（だ、だって、あなたでしょ、ほんの二時間前に一人でBだと言い張って、だからAがいいと言っていたHさんは、仕方なくBにしたんでしょうが。忘れたの？　それを旦那の一言で、まぁ、ようもようも節操もなく……）

だが実際の私は、ただあんぐり口を開けたまま、箸を持っていた。

「美味いなぁ」

「そぉ？　よかったぁ」

高峰さんは満足げな松山氏の顔を見ながら、ニコニコしている。

何ということか……。私は深いため息とともにニラ玉を頬張った。確かに美味い。

いや、ニラ玉はどうでもいいのだ。

一体、どういうことなんだ、これは。

どういうことも何も、そういうことなのだ。

笑顔で見つめ合う２人。
夫妻の結婚生活を象徴するような一葉。

高峰秀子は、夫さえ良ければ、他のものは踏み倒していくのである。

あぁ、可哀想なHさんと私。

翌日、私はさっそくHさんに電話して、高峰さんの意見がA案に変わったことを告げた。そしてついでに、思いもかけぬ大どんでん返しの模様を生中継するように報告した。

「Hさんに見せてあげたかった、あの時の高峰さんの態度を。ケロっとして、『私もそう思ったの』だって。私、相手が高峰さんでなかったら、『どの口で言うか、この口か！』って、口元をつねってやるところだった」

Hさんは電話口でただ爆笑していた。

だが思えば、あの時、私は確かに高峰さんの節操なき変節ぶりにあきれ返ったものの、同時に、妙に嬉しい気持ちがしたのだ。

なぜなら、その時の高峰さんが、とても可愛らしかったから。

つまり〝ただの女〟になったのだ。

では、なぜそんなことになったのか。

あの時、高峰秀子の脳内で起こった現象を、私なりに検証してみよう。

恐らく、松山氏がAを選んだ瞬間、彼女の脳裏には「しまった！」という思いがよぎったに違いない。だが夫には「もちろん私もあなたと同じ考えよ」と表明したい。とはいえ、彼女は既に編集者と私の前でBを選んでいる。彼女もそれを忘れたわけではない。

本来なら、「あの時はBだと思ったけど、その後、私もちょっと考えたの」とか、「ごめんなさいね、意見を変えて……」とか、その類のことを言うべきだ。だが、高峰秀子は「動じない」し「振り返らない」し「迷わない」。潔い人だ。だからそんなゴタゴタした文言は一切すっ飛ばす。しかも極めて頭の回転が速いから、これら様々な状況をチャカチャカチャカッと脳がコンピュータのように解析し、出た答えが、「そうよね。私もそう思ったの」。

その間、実に〇・一秒。もの凄い早業である。

おまけにその後は知らん顔だ。

でないと都合が悪い。だって彼女のコンピュータは、解析中、明らかに、ある要素を削除したから。削除しなければ自分の望む答えが出なかった。削除したものは、自分が「Bがいい」と言った事実。

だから〝ばっくれた〟。

見事というほかない。

考えてみれば、これは高峰秀子にしては珍しい、ちょっとした〝パニック〟だったわけだ。だって明らかにウソなんだから。決して前言を翻さず常に終始一貫している人が、この時だけは、たとえ瞬時とはいえ、慌てた。

それも、夫に添わんがために。

そこが可愛らしい。好きな男と同じ考えでいたいという、〝ただの女〟。高峰秀子が、高峰秀子にあるまじき矛盾した行動をとるのは、こういう時だけである。

そして普段から、高峰さんは松山氏に従順だ。しかし同時に、氏が「秀さんはホントに言うことをきかないからね」とため息をつくほど、自分を通すところもある。エアコンのリモコンを必ず自分の側に置いて、絶対、夫には作動させないとか。

それでも、彼女が夫に「でも」「だって」と言うのを私は聞いたことがない。そこは麗しき古風な女なのだ。

その代わり、ユーモラスな叛逆を見せる。

松山氏が居間の階段の下にある小さな物入れから必要な物を出そうとした時だ。物入れを開けるためには、前に置いてある細い黒檀の飾り棚を移動させなければならない。上には花瓶、下段には香炉が載っているので、まずそれらを慎重に下ろしてから。だから少々面倒だ。

「いいわ。私がやるから」

食卓の椅子に掛けていた高峰さんが、立ち上がってそちらに行こうとした。

「いいんだ、僕がやりますッ」

氏はきっぱりと言って、自分で飾り棚を移動させるべく奮闘を始めた。

食卓に戻ってきた高峰さんが、側の私だけに聞こえるように、小さく言った。

「♪頑固じじぃ、クソじじぃ～」

唄うように節をつけて。

またある時、松山家の車で天王洲アイルへ松山氏脚本のお芝居を観に行った時のこと。ちなみに松山家の車は英国車のジャガーだ。シルバーブルーの車体に真紅のシートが映えて、実に上品。この真紅のシートは高峰さんの特別注文だそうだ。

「僕はTさん（長年、車を運転してくださる男性）と駐車場所なんかの打ち合わせがあるから前に乗ります」

高峰さんと私は後部座席に乗った。

氏はTさんと何やら話している。後ろの私達は、どういう経緯でか忘れたが、犬の話をしていた。「この頃の犬って、可哀想に声帯を切られたりするんだよ。鳴いてうるさいからって」と、高峰さん。「ひどいねぇ」と私。

と、高峰さんが前方の松山氏に話しかけた。

「ねぇ、先に楽屋に行くの？」

氏はそれには答えず、Tさんと話を続けている。

「ねぇ、ねぇ、善三さん」

重ねて、高峰さんが言った。

「黙ってて。今、打ち合わせ中です」

松山氏は振り向きもせず、言った。

高峰さんは「プンッ」という顔をしたかと思うと、

「アウッ、アウアウッ！」

前にいる夫に向かって、両手を、犬が前足でひっかくようにしながら、〝吠えた〟。それも音声なしの、口パクで。まさに声帯を取られた犬の真似をして。

高峰さんはユーモアがある人だ。

それは彼女の随筆でもわかる。

例えば『台所のオーケストラ』の「豚」の章。

〈豚のルーツは「イノシシ」だったんだってネ。だけど、人間に飼われるようになってからは、あのモノすごいキバがだんだんと消えて無くなってサ、おまけに鼻まで曲がっちまったんだって、なんだか豚って可哀想だな。

そうだ、豚の身上話じゃなくて、料理を書かなくちゃ、（略）〉

どこか可愛げがあって、ユーモラスだ。

だから高峰さんがいると、周囲が明るくなる。

以前、彼女は言った。

「私には松山が考えてるような難しいことはわからないから、仕事で疲れた松山の頭がせめて休まるように、日に一度は笑いがある家にしたいの」

内助の功だ。

だが、ポツリとこんなことを言ったこともある。

「私は本当は陰気な人間だよ」

その時、私はドキッとしたが、どこかで深く納得した。確かに、高峰さんは「ケセラセラ」というような軽快さとユーモアに満ちている。しかしそれは、そうしていないと生きてこられなかったからではないだろうか。

松山氏と結婚する前、既に高峰秀子は大女優だった。だが私生活は、前にも書いたように、決して幸せではなかった。いや、ハッキリ言って、悲惨だった。

数年前、京橋の東京国立近代美術館フィルムセンターで三カ月にわたって「高峰秀子特集」と題した映画祭が催され、百本近い彼女の出演作が上映された。その時、特別展として、彼女についての様々な資料が別のフロアで公開され、そこで、二、三分ほどの無声の八ミリフィルムが流された。彼女の貴重な子役時代の撮影風景だった。

まだ七歳ほどか。撮影の合間に撮られたであろうそのフィルムの中で、少女はこちらに向かって、おどけた仕草でアッカンべェをして駆けていった。だが、少女には、家に帰っても、「疲れたろう」とも「学校に行きたいかい?」とも言ってくれる肉親は誰一人いなかったのだ。ただひたすら親族を養うために昼も夜も働いていた、人気子役として。

私は、明るく振舞うその小さな女の子をセピア色の画面の中に見た時、胸が詰まった。

この子は、自分で自分を励ましながら生きているんだ。


居間の、ベランダに面した大きなガラス戸の側に、新聞紙が何枚も広げて置かれている。

七月某日、晴れ。麻布・松山邸。

松山氏の友人が三陸から送ってくれた上等な塩漬けワカメを、高峰さんが干したのだ。

「干しておくと長持ちするの」

私達は食卓についた。

「ホラ、あんたの好きなキノコの炒め煮だよ」

そう言って高峰さんが、私に微笑んだ。

高峰さん発案のブナシメジとエノキの料理は、今やすっかり松山家の定番メニューだ。

「秀さんはこういうの作らせたら日本一だね」

一口食べた松山氏が、言った。

「なぁに？　何て言ったの？」

高峰さんが聞いた。

「美味いよ！」

松山氏がもう一度言った。

私は思わずクスクス笑った。

高峰さんはよくこの手を使う。聞こえなかったのではない。夫からのホメ言葉をもう一度大きな声で言わせたいのだ。

私は美味いシメジを食べながら、思い浮かべていた。

窓際にしゃがんで、小さな手でワカメを丁寧に一つずつ新聞紙の上に並べているその姿を――。

可愛らしい人だ、高峰秀子という人は。

驕らない

一

これまで書いてきたように、私は、高峰秀子という一人の人間から様々なことを学んだ。それは同時に、様々なことに対する私自身の認識が、変わったということでもある。

例えば、その一つ。

女優は高慢である。

何てひどいことを、と思う読者もいるかもしれない。だが、これは事実だ。週刊誌の記者として二十年、その間に私が取材した有名人は、約千二百人になる。私は妙に几帳面なところがあるので、全て取材ノートに記録している。一昨年、その週刊誌の記者を退職する時、試しにノートを見て数えたら、軽く千人を超えていたので、自分でも驚いた。もちろん高峰さんのように、同じ人物に何度も取材した場合があるので、あくまで延べ人数だが。

その中で、本人だけが女優だと思っている人も含めて、「女優」と肩書きの付く人は四分の一ぐらいだろうか。

今となれば、女優が持つ高慢さは、ある意味で不可抗力、あるいは必要悪だということがわかるので、少しも驚きはしないが、若い頃は、取材する度に感じたものだ。「なんでこんなにエラそうにするんだろう」「感じ悪いなぁ」、もっと言えば、「この人は、一体、自分を何様だと思っているのだ」。

具体的な事例を挙げるときりがないので省略するが、総じて、女優と呼ばれる人々には、他者を〝見下ろす〟傾向がある。相手が名もない記者ならなおのこと。むろん全員ではない。全員ではないが、殆どの女優がその点で似ている。違いがあるとすれば、高慢さを隠すか隠さないか、それだけの差である。

別に非難するのではない。実際、非難したところで無駄だ。なぜなら、その高慢さは、彼女達の職業病と言えなくもないからだ。「きれい」「素敵」と人にチヤホヤされ、世辞を言われ、スポットライトを浴びていれば、〝普通の人間〟は勘違いする、「私は特別な人間なのよ」と。

だから私は、次第に女優を冷静に観察するようになった。そして何度か思った、「あぁ、この人はここまでだ。だから演技もあそこまでなんだ」と。

やがて私は一つの法則を発見した。演技の下手な女優ほど威張る、という法則。そういう人に限って、取材している時、途中から態度が変わる。こちらがその人の仕事を熟知していることがわかるからだ。威張っていた人が急に愛想よくなるのだから、気味が悪い。

そしてたどり着いた結論が、「女優はスクリーンや画面の中だけで観るべし」。実物に会うと、失望することが多い。幻滅することさえある。男優はそれほどでもないのは、恐らく〝女〟という生き物が持つ特性と関係があるのだと思う。

以上のような、私が体験から得た女優に対する認識を、後にも先にも根こそぎ覆した、唯一の人。

それが、高峰秀子である。

本人に会う前から、彼女が〝並の女優〟ではないことはわかっていた。著書を読めばわかる。出演作を観れば、一目瞭然。

極めて頭がいい人だということもわかっていた。そういう人は怖いものだ。優れた仕事をする人は、必ず怖さを持っている。

だが、原稿を貰うために何度か電話で短いやりとりをするうち、怖さに面白さが加わった。手紙のやりとりをするうち、〝汲めども尽きない〟人だなと思うようになった。

そしていよいよインタビューするために、初めて本人に会った。

一人で来た。

私が知る限り、取材現場へ一人でやってきた女優はいない。たとえ引退していても、銀幕で名を馳せた女優が誰も連れずに取材現場に現れることはまずない、と私は断言する。途中で連れが席を外すことはあるとしても。それは、取り巻きや連れが、彼女達に

麻布十番の八百屋さんで。真剣に野菜を選ぶ妻と、
何やら後ろで呵呵大笑する夫。微笑ましい風景だ。

とって一種のステイタスだからだ。中には〝ご一統様〟と呼びたくなるほど、ずらずら引き連れてくる女優もいた。

だが、銀幕の大スター高峰秀子は、たった一人で来た。

「こんにちは。高峰です」

〝生〟の高峰秀子は、微笑むというより、ニカッとして、私にそう言った。

「十年か二十年して一度おめにかかれればと思っていたのに、こんなに早くおめにかかることになるなんて……」

私は直立不動で、言った。

すると高峰さんが、

「十年か二十年？　死んでます、私」

ケロリと返した。

その時、漫画で言うなら、私の頭にピカッと電球が点った。

いいぞッ、この人！

七十歳でこんな返球をする人。

わくわくした。だがそれでも私は緊張していた。それ以前もそれ以後も、インタビューする際、この時ほど緊張したことはない。

が、次に、テーブルに着いて、高峰さんが、その視線をピタリと私に据えた時、その緊張感は、むくむくと膨れ上がるような安堵感に変わった。

今でもその瞬間に感じたことを鮮明に覚えている。

あぁ、私はただの頭の足りないガキなんだ。

その眼に見据えられた時、私は「この人の前では私など芥子粒のような存在だ」と素直に思えたのだ。もはや、知ったかぶりも虚勢も警戒心も何も要らない。あるがままの自分を晒して、一所懸命に取材すればいい。その結果「ダメな奴だ」と思われたら、それはそれで仕方ない。私は心からそう思えて、何か気持ちがストンと据わり、とても安心したのを覚えている。

それ以前も以後も、そんな感じ方をしたことは、一度もない。

後年、その時の感情を高峰さんの夫・松山氏に話したら、「それが相性というものだよ」と言われた。

そう思いたい。だがたとえそうだとしても、本当にそれだけだろうか。

ここで改めて考えてみよう。

あの時、私はなぜ〝安心〟したのか――。何だか知らないけど、とてつもなく大きな人だと、私は感じた。

「こんな人、今まで一度も会ったことがない」

一体、それはどういう意味だったのか。

その日から十数年、高峰さんとの間の語りつくせない数奇な〝物語〟を経て、彼女を「かあちゃん」と呼び、夫君の松山氏を「とうちゃん」と呼んで過ごしている今、私はやっとその意味がわかった。

高峰秀子は、〝女優〟ではなかったのだ。

いや、もちろん女優である。それも日本映画史に燦然と輝く、不世出の大女優である。だがやはり彼女は女優ではない。

高峰さんが十代の頃に抱いた気持ちが、そのことを象徴していると思う。

「自分から女優というものを取ってしまったら何もない、そんな人間にはなりたくない」

高峰秀子にとって、女優は糧を得るための職業に過ぎないのだ。職業がたまたま女優であるだけで、それがOLであれ、八百屋さんであれ、医者であれ、お百姓さんであれ、彼女には同じなのだ。

以前、私にこんなことも言った。

「映画が一軒のビルだとすれば、女優は、そのビルを建てるための一本のクギにしか過ぎません。他のスタッフと違って、たまたま画面に出る立場だというだけのことです」

こんな考え方のできる女優がどれだけいるだろう。しかも大女優で。

高峰秀子にとって、一番大切なこと。それは〝女優であること〟ではない。当たり前の一人の〝人間であること〟なのだ。

初めて会ったその取材は、週刊誌のグラビアの仕事だった。私の担当ではなかった。だが、私が時々、高峰さんと手紙のやりとりをしているのを知ったグラビア班の若い女性が、「このページに高峰さんに出て欲しいんですけど、私、怖くて頼めない。斎藤さん、頼んでくれませんか」と言ったのだ。

巻末一ページのそのグラビアは、著名人お薦めの美味しい物を紹介するという連載企画だった。高峰さんは引き受けてくれて、彼女が贔屓にしている銀座のレストランの、昼食メニューを紹介したいということになった。その店のビーフストロガノフが大好きで、値段もリーズナブルだからと。

数日後、高峰さんから手紙が来た。

中には彼女手描きのとてもわかりやすい店の地図が入っていて、添え書きがあった。

「取材がてら、お昼を一緒にいかがですか?」

そしてくだんの初対面となるのだ。

料理が運ばれてくると、彼女は言った。

「いつもはこっちの白いお皿に入れてあるの。でもこの草色のお皿がとてもきれいだから、今日は、その両方のお皿にそれぞれ、あなたと私の分を入れてもらったの。どう? グラビアに載せる時、どっちのお皿を使ったらいいと思う?」

私は答えた。

「おっしゃるように、草色のお皿はとてもきれいです。でもお皿そのものはきれいですが、ビーフストロガノフを入れた時、お料理が映えるのは、やはりいつも入れているこちらの白いほうじゃないでしょうか」

ほんの一瞬考えるような表情をした後、高峰さんはきっぱりと言った。

「そうね。あなたの言う通りだわ。撮影の時もいつもの白いお皿を使いましょう」

私はその時、とても意外な気持ちがした。初めて会った記者である私に、彼女は意見を求めてくれ、その上、きちんと納得して、私の意見を取り入れてくれたのだ。

私は彼女から、取材する側とされる側の、〝対等〟を教わった。そして彼女の仕事に対する〝真摯〟を感じた。

そのグラビアの取材は、彼女が何十年もしてきた映画の仕事に比べたら、明らかに小さな仕事だ。だが高峰秀子は、その店に足を運び、自分が薦める美味しい料理をのせる皿の色まで考えてくれた。普通は、店の名前と場所を編集部に教えて終わりだ。そこに載せる談話は電話で済む。だって、そのページには、薦める本人の顔や姿は一切載らないのだから。

もちろん店は喜んだ。「先生、この度はご紹介頂けるということで、本当に有難く……」と、支配人は出てくるわ、料理長は出てくるわ、挙句に社長夫婦まで登場して高峰さんに謝辞を述べるので、私はその度にテーブルから立ち上がって、大変だった。そして帰る時には、社長夫婦を先頭に従業員一同打ち揃って、深々と頭を下げ、その黒々とした幾つもの頭の前で、私達の乗ったエレベーターが、ザーンとばかりに閉まった。

閉まった途端、高峰さんがまたケロリとして言った。

「わざわざ関西から出てこなくてもいいのよね、社長も。どうせ頭下げるだけなんだから。ねぇ、〇〇さん」

「えッ、いや、その、そんな……」

エレベーターボーイと化した支配人の「〇〇さん」は、気の毒なほど困って、やたらと額の汗をぬぐっていた。

私は「高峰さん、そんなことを……」と、制しつつ、大笑いしていた。

以後、私は高峰さんと数え切れないほど仕事をさせてもらった。この連載もその一つだ。だが、彼女が初めて会った時に見せた、仕事に対する姿勢、人に対する対応、その誠実さは、何一つ変わることがない。

なぜ私は安心したのか。

その理由は、高峰秀子が、自分を〝特別な人間〟などとは全く思っていないこと。それに尽きる。

たとえ人がどれほど彼女を特別扱いしようと、チヤホヤしようと、彼女には「どうでもいいこと」であり、彼女が願っていることは「普通にして欲しい」、それだけだ。

私はよく人に言われた。今でも言われる。「高峰さんて、怖いでしょ?」「怖いことで有名だよ」

私は答える、「いいえ、怖いんじゃありません。凄く怖いんです」。そして心の中で呟く、「あなた達の言う〝怖い〟と私が感じる〝怖い〟とは、たぶん意味が違う」と。

人間の大きさとは何か、威厳とは何か。

私は高峰秀子に教えてもらった。

八月某日、猛暑。麻布・松山邸。

いつものように階段を上がって、居間を通り、夫妻の寝室に入った。並んだツインベッドの奥の側は空だ。松山氏は書斎にいる。思わず私は笑った。

手前のベッド。いつもは布団に入って枕を背もたれにして『赤頭巾ちゃん』のお婆さんのように本を読んでいる高峰さんが、枕の背もたれは同じだが、掛け布団の上に乗っかって、ガウンから出した両脚を投げ出している。さすがに暑いのだろう。

「なんだ、かあちゃん、子供みたいに」

私は笑いながら、その華奢な白い脚をポンと叩いた。

「へへ」

悪戯っぽく笑うと、高峰さんはベッドから下りてきた。

その日は、夕飯にサーモンとタマネギのマリネが出た。いつも関西の知人が夫妻に送ってくれる上等なサーモンである。それを高峰さんお手製の、オイルと香辛料を合わせたソースであえてある。

「美味い！」

松山氏と私が同時に唸る。

私はマリネに舌鼓を打ちながら、思った。

「こんな人、今まで一度も会ったことがない」

二

九月某日、曇り。麻布・松山邸。

高峰さんがそれこそ〝食う〟ように本を読むので、地下の、と言っても実際には表の通りからすると一階に当たる部屋なのだが、そこに山のごとく溜まった本を、私は松山氏と一緒に整理していた。

と、玄関のチャイムが鳴った。

「はい、松山です」

私はインターホンに応えた。

「こんにちは。Aです」

年配らしき女性の声だ。

「Aさん、ですか？　少々お待ち下さい」

言って、私は、側の松山氏に聞いた。

「とうちゃん、Aさんだそうですけど……」

「ん？　あぁ、以前、うちにいてくれたお手伝いさんのAさんだ」

言うと、氏は玄関に向かった。

私もついて行くと、夫妻と同じくらいの年恰好の女性が立っていた。

「旦那様、お久しぶりでございます。お元気でいらっしゃいましたか……」

女性は懐かしそうに言った。

「いやぁ、もうご覧の通り、ヨレヨレですよ。あなたは元気そうで、えらいなぁ」

「いえ、私ももうすぐ八十一なんですよ」

二人はしばし朗らかに語らった。

「これ、旦那様のお好きな無花果（いちじく）です。八百屋さんに出ておりましたので。それとチーズケーキを。私、これからこの近くに用事がございますので……。どうか奥様にもよろしくお伝えくださいませ」

「それは、わざわざどうもありがとう」

女性は達者な足取りで去っていった。

「Aさんは変わらずシャンとしてるなぁ」

氏はその人の後ろ姿を見送りながら、誰に言うともなしに、呟いた。

私は、側で二人のやりとりを見ていて、ちょっと感動した。

「旦那様」などという言葉を耳にしたのはいつだったろう。そうだ、初めて〝生〟で聞いたのも、この松山家だった。今でも時々来てくれる律儀な運転手さんのTさんが、夫妻を「旦那様」「奥様」と呼んでいるのを聞いたのが、映画やテレビの中でなく、私が現実の生活で耳にした最初だった。

そして今日、はからずも久しぶりにまた聞いた、やはりこの松山家で。

「旦那様」と呼ぶ年配の女性、「旦那様」と呼ばれる年配の男性。両者とも礼儀正しく、互いに互いの〝則（のり）〟を越えず、そしていかにも自然だった。それは見ていて清々しく、まるで小津安二郎の映画のワンシーンのようだった。

「かあちゃん、かあちゃんッ」

決して小津映画には登場しないようながさつな声で呼びながら、私は高峰さんが本を読んでいる寝室に駆け上がっていった。両手に無花果とチーズケーキの袋を提げて。

共著『旅は道づれ雪月花』の取材で熱海に行った夫妻。
旅館・蓬萊で。

「こら、走るんじゃないよ、家の中を」

後ろから松山氏の穏やかな声が、諦めたように追いかけてくる。

「これ、Ａさんが持ってきてくれたよ。今、とうちゃんと話をしてね……」

息を弾ませて言う私に答えず、高峰さんは読んでいた本を閉じて、ゆっくりベッドから下りてきた。

「Ａさんはね、前にうちにいてくれた人なの」

ダイニングで席に着くと、高峰さんは話し始めた。

「長いこといてくれたねぇ」

松山氏も席に着いた。

「私の後援会に入った第一号なの、Ａさんは。私はファンの人にはお手伝いをしてもらわないことにしてたんだけど、Ａさんには全然チャラチャラしたところがなくてね。映画を観た感想なんかを手紙に書いてきても、きちんとした文章で、とてもインテリなのよ。それでうちのお手伝いさんが一人足りなくなったっていうのを人から聞いて、『私でよければ』って来てくれたの。『次の人が見つかるまでちょっとの間』って言ってたのが、十何年もいてくれて……」

「すごいね。第一号ってことは、もう七十年ぐらいのファンなんだねぇ」

言いながら、私はテーブルの上のチーズケーキが気になっている。

それを察したように、松山氏が「食べよう」と、台所へ包丁を探しにいった。丸い、大きなチーズケーキだった。

「あ、私、今から出版社に打ち合わせに行かなきゃいけないから時間がないの。明日食べちゃダメ？」

「何だよ、それを早く言いなさいよ」

しょうがないコだという顔をして、氏が台所から戻ってきた。

私は急いで鞄に荷物を入れながら、なおも念を押した。

「かあちゃん、明日食べるんだからね。二人だけで食べちゃわないでよ」

「わかりましたよ。冷蔵庫に入れておくから。そんなことより、早くしないと遅刻するよ」

ため息をつくように、高峰さんは側のメモ用紙に書いた。

「明美、チーズケーキ」

こんなエピソードがある。

それはずっと以前、松山家の唯一のお隣さん、W夫人に聞いた話だ。なぜ「唯一」かと言えば、他には、財団や億ション、あるいは外国の公使邸と、松山家の周辺には殆ど普通の家がないからだ。

高峰さんがこの麻布永坂町に越してきたのは、昭和二十六年、まだ独身の頃。実に六十年近くこの地に住んでいるのである。W夫人はその前からここの住人だった。女優の高峰秀子が隣に引っ越してくるというのを聞いて、夫人は思ったそうだ。「いやぁね、女優なんて。きっと毎晩パーティを開いたりして、騒々しいに違いないわ」ほぉ。この話を聞いた時、私はある種の感慨を覚えた。なるほど、こういう古き良き時代の上流婦人がまだ東京にいたのだ、と。

事実、W夫人の亡き夫は銀行の頭取を務めた人物で、夫人の里は医者の一族。夫人自身はやんごとなき人々が通う私立大学のOG会幹部である。もちろん大変な素封家だ。つまりそういう、いわば〝素ッ堅気〟の上流婦人から見れば、女優という職業は明らかに水商売であり、「女優なんて」というのは当然の反応なのだ。だから私はW夫人が当初抱いた気持ちを少しも悪いことだとは思わない。むしろ芸能人ならミソもクソもエラいのだみたいになってしまった現在の風潮のほうがおかしいと思っている。

ところが、その夫人の気持ちはすぐに変わったという。

高峰さんが越してきてすぐ、高峰家のお手伝いさんがW家にやってきた。「恐れ入りますが、うちにはまだ電話がついておりませんので、お電話を拝借できますでしょうか」と。当時は今と違って、引っ越したその日に電話がつくという時代ではなかった。

W夫人は、そのお手伝いさんのあまりにも礼儀正しい態度に驚いたそうだ。

そして数日後、もっと驚いた。今度は、高峰秀子本人が電話を借りにきたのだ。服装は地味で清楚、言葉遣いからその物腰まで、実に静かで礼儀正しく、明らかに教養ある女性であることがわかったからだ。

以来半世紀余、W夫人と高峰さんはすっかり仲良しになり、W夫人の、大変気難しい、「超」が付く上流婦人のお姑さんなど、嫁である夫人より高峰さんのほうを気に入ってしまい、高峰さんが訪問して帰る時など玄関まで出てきて見送るほど。そして嫁に海外旅行など決して許さなかった人が、「高峰さんのハワイの家に行くなら」と快く許してくれたそうだ。

そして今や私が知る限り、W夫人は、年上でありながら、まるで高峰さんの妹分のようだ。自分で家事などしたことがない夫人は、何事にも行き届いた高峰さんを心から尊敬して頼り、時には「また秀子さんに叱られちゃったぁ」と、肩をすくめたりする。そしてしょっちゅう電話してきては、「秀子さん、これからお買い物に行くんだけど、何か買ってくる物ない?」「出かけるなら、私が車で乗せていくわよ」と、もういたれりつくせりの親切ぶり。そんなW夫人のことを、高峰さんも自身のエッセイの中で、「親切が洋服を着たような人」と記している。

「親の顔が見たい」という言葉があるが、それは何も子供に限らず、その家に勤めるお手伝いさんや運転手さんも同じことなのだ。

私は仕事柄、何人かの女優のお手伝いさんや運転手さんを見たことがあるが、高峰さんを知るようになって、とても驚いた。つまり、ぞんざいな物言いをしたり、主人に顎で使われたりする人はいくらも見たが、松山家のように、互いが互いを尊重するような関係は見たことがなかったのだ。

例えば私が知っている、先述のＴさんという運転手さん。

ある日、私が松山家を訪問すると、たまたまＴさんがガレージにいて、玄関を開けてくれた。私は常々、松山家の愛車・ジャガーがいつもピカピカで曇り一つないことに感心していたので、言った。「Ｔさんの手入れがいいんでしょうね。ガソリンスタンドに寄った時なんかは、やっぱりお店の人に拭いてもらうんですか？」

するとＴさんが、穏やかな物腰で答えた。

「いえ。拭いてもらうことは致しません。お店で使っているあの布と言いますか、あれ自体が信用なりませんので」

「すごいッ」、思わず私は言った。そして内心で思った。この主人にしてこの運転手さんあり！

もちろん、Ｔさん自身がもともと誠実で几帳面な人なのだろうが、そこへ輪をかけたような松山夫妻である。この車への完璧なまでのケアは、むべなるかなというわけだ。

以前、高峰さんの新しい著書が出た時だ。高峰さんはＴさんが運転する車で出版社に行き、著者用の数冊を受け取った。

家に着くと、高峰さんはそこから一冊取り出し、にっこりしてTさんに言った。

「Tさんも一冊、貰ってくださる?」

「はッ。ありがとうございます」

Tさんは押し頂くようにして受け取った。

その時も私は、見ていて、深く感動した。

〝貰ってくださる?〟ですよ。〝押し頂く〟んですよぉ。昔の日本映画でなければ、こんなシーン、見られるものではない。

その数日後、私は麻布十番駅の地下構内を歩いていて、偶然、Tさんと出くわした。見れば、大きな紙袋を提げている。

「まぁ、ずいぶん重そうな……」

「知り合いの者に、奥様の新しいご本を配ろうと思いまして」

Tさんは、はにかむように言った。

紙袋には、あの時、Tさんが貰った高峰さんの近著が十数冊入っていた。

聞けば、Tさんは、高峰さんの著書が出るたびに、そうして買い込んでは友人知人に配っているのだという。

もちろん頼まれたわけではない。そのことを高峰さんに言うわけでもない。ただ黙って、Tさんはそうしているのである。

私は松山家に出入りするようになって、まだ十数年だ。それ以前の長い年月、高峰家には、あるいは松山家になってからも、この家には私などが知らないたくさんのお手伝いさんがいた。だから私が彼ら彼女らについて知っていることはほんの一部だ。

だが、私にはわかる。松山家の「旦那様」と「奥様」が彼らとどんな人間関係を結んできたかということが。

自分の家で作る新米を定期的に送ってくれるお手伝いさん、夫妻の誕生日に花を届けてくれるお手伝いさん……。皆、何十年も前にこの家を退職した人達である。

かつて高峰さんが沖縄で講演をした時、講演が終わるや、客席の向こうから赤ん坊を背負った女の人がステージへ駆け寄ってきたそうだ。「奥様ぁ〜」と叫びながら。「お懐かしゅうございます」、泣いて抱きついてきたのは、お嫁に行くまで松山家で働いていたお手伝いさんだったという。

私はどの人も、顔さえ知らない。

だが、私には彼女達の気持ちがわかるような気がする。彼女達にとって、高峰秀子は、「大女優」ではなく、まごうかたなき「奥様」だったのだ。それも心から尊敬できる奥様。

どの職業でもどんな職場でも、上下や序列がある。その時、〝上に立つ〟人の人間性は、目下の者に対する態度でわかる。日々のことだから、それは隠しおおしようもない。結果、「人の上に立つ器ではない」「いつも威張ってばかりいて」「あの上司はひたすら御身大事の人だ」……下の者の批評は痛烈だ。

高峰秀子の人望。そこに一瞬でも「驕り」があれば、それは、ない。

翌日、久しぶりに青い空が広がった。

松山家に行くと、ダイニングのテーブルの上に、きれいに切り分けられたチーズケーキが三人分、それぞれの席に並べられていた。まるで、「ほら、約束通り、ケーキよ」と言う高峰さんの声が聞こえてきそうで、私は一人、微笑んだ。

高峰さんがいる寝室に行こうとして、ふと入口に置かれた朱塗りの大きな器が目に入った。そこには、一通の葉書が入っていた。宛名は「A様」。昨日来た元のお手伝いさんに高峰さんがしたためた礼状である。

「もう礼状を書いてる。秀さんのこういうところ、いいな」

いつの間にか側に立っていた松山氏がポツンと言った。

威厳と驕りは、同居できない。

私は庭の向こうの青空を見上げながら、心が晴れ晴れする思いがした。

こだわらない

「おかげさまで、いよいよ私の連載も最終回です」

先日、松山夫妻と食卓を囲んでいる時、私は言った。

「おめでとう。無事に最終回、よかったね」

松山氏が笑顔で言った。

と、その時、高峰さんが言ったのだ。

「〝こだわらない〟って、もうやった？」

これまで、私が勝手に質問することに対して「何故そんなことを聞くのか」などと言ったこともなく、ただ誠実に答えてくれ、私が書く内容についても一切の制限はおろか、何一つ注文もつけたことがない人である。

その高峰さんが、初めて自分から、「こだわらない」というタイトルはもう使ったかと聞いたのだ。

かあちゃんはやっぱりこの連載のことを心にかけてくれていたのだ……。私はふいに胸を衝かれる思いがしたのと同時に、「こだわらない」というテーマが高峰さんの信条の中でもよほど重要なものに違いないと推察した。

そんなことを考えていると、いきなり高峰さんが話し出した。

「私は、心の中にノートを持ってるの」

えッ、今日はテープレコーダー持ってないよ……。私は慌てて台所のカウンターに走り、高峰さんが常備しているメモ用紙をひったくるようにして持ってくると、書き留めた。

「そのノートにね、いろんなことをゴタゴタ書きこみたくないの。いつも真っ白にしておきたいの」

だから最終回は「こだわらない」。

まるで最終回のタイトルを何にしようかと迷っていた私の心を読み取るように、高峰さんがくれたテーマである。

「やっぱり、〝こだわらない〟というのは、かあちゃんにとって大事なモットーですか？」

私は聞いた。

「ううん、別に大事というわけじゃないけど、いちいちこだわってると女優なんかしてこられなかったからね」

いつものように淡々と言うと、高峰さんは煙草に火をつけた。

本当に、肩に力が入っていない人である。

たとえば野球の選手でも、名選手になると、決してバッターボックスで力まないという。その一打席に勝負の命運がかかっていればいるほど、名選手は楽にバットを構えてヒットを打つ、あるいはホームランを打って、チームを勝利に導く。

高峰さんを見ていると、私はいつも、何かの奥義を極めた人を思い浮かべる。そして虚心坦懐でいること、どんな時にも冷静でいられることが、人間にとっていかに難しいことかを、思い知らされる。

早い話、もし私達が日常のあらゆる出来事に対して「こだわらず」、それを実行し続けることができたら、どれほど毎日が心安らかなことだろう。

少なくとも私は、そのことに限りない憧れを抱くほど、逆の生活を送っている。人に何か言われた、意に染まない事が起こった、思いがけぬ不幸に見舞われた……、人生の中で起こる様々な心楽しくない事柄について、こだわることなく、心乱されることなく過ごせたら、同じ時間が、見違えるほど有意義に、そして豊かなものになるはずだ。

そんなことを打ち合わせの時、この連載の担当編集者に話してみたら、彼が言った。

「その通りだと思います。ここ二十年くらいじゃないですか、〝こだわりの何とか〟などと言って、〝こだわる〟という言葉がまるで良い意味のように使われ出したのは。でも本来は、良い意味ではないんですよね」

なるほど、そう言えばそうだ。

私は改めて広辞苑を引いてみた。

「こだわる」——①さわる。さしさわる。さまたげとなる。②気にしなくてもよいような些細なことにとらわれる。拘泥する。……

こだわることによって、人は心乱れ、右往左往し、ストレスを溜め、挙句、自分だけでなく、他人まで苦しめる。

人間は本来、肉体的にも精神的にも弱い動物だと、私は思っている。野生の動物なら、一週間や十日食べなくても何とか命を繋ぎ、怪我をすれば、ただじっとどこかに潜んで身体を休め、生来持てる自然治癒力で回復していく。そして人間ほど複雑な感情はないから、血肉を分けた親や子の死に遇わぬ限りは、悲しい鳴き声を上げることもなく、ただ与えられた命を全うしようとするのである。

以前、「高峰秀子は野生動物みたいな人だ」と書いたが、私は今回も改めてそのことに思い至った。

病院にも行かず、世に言われる「健康に良いもの」など一切口にせず、風邪を引いたり体調が悪くても、他の人間がそれと気づかぬうちに治してしまう。そして毎日を、変わることなく淡々と送っている。

だが、当たり前だが、高峰さんは野生動物ではない。あくまで野生動物みたいな人で

まるで騎士（ナイト）のように妻を守る夫。
この姿は今も変わらない。

あって、正真正銘の一個の人間だ。

だから彼女が人知れず体調を整えるのも、病を克服するのも、〝習性〟ではない。そこにあるものは、〝知恵〟である。

だが知恵は、もしかしたら、個々によって差があるかもしれない。一歩譲って、もし差異があるとして、高峰秀子という人は幸運にも生まれつき、豊かな知恵を授かったとしよう。だが、生まれ持った、いわば素地だけで人は長い人生を生きられるものだろうか。

そんなことはないはずだ。万が一そうだとすれば、生れ落ちた瞬間にその人間の生涯が決まることになる。ダメな奴はどれほど努力しても、自己を実現することはできない。逆に、たまたま有能に生まれついた奴は、どんなに怠け放題に生きても、素晴らしい人生が待っていることになる。それほど人生は単純でも生易しいものでもないことは、誰でも知っている。

だとすれば、何が人生を動かすのか、何がその人の生き方を決めるというのか。

正直、ここでも、いつものように、私には確たる答えはない。

だが一つだけ言えること。私が高峰秀子という人間を見ていて、言えることは、一言、〝意志〟である。

こうありたい、こうあれかしと願う意志。

そしてもっと重要なことは、その意志を実行に移すための〝知性〟である。知性は知恵とは違う。本人さえ望めば、いくらでも手に入れることができる。その証拠が、先の高峰さんの発言である。

「心のノートにゴタゴタ書きこみたくない。いつも真っ白にしておきたい」

明らかな、彼女の〝意志〟である。

そしてそれは、裏返せば、そう願わずにはいられないほど、彼女の半生には「ゴタゴタ」したことが満ちていたということではないだろうか。

五歳で実母が死んだ。すぐに養女に貰われ、数カ月後には映画の子役にさせられた。途端に人気が出て、日本全国の人に顔を知られ、金を稼ぐようになった。そして金が入れば入るほど、養母は金の虜となり、秀子が稼ぐ金で贅沢の限りを尽くして、挙句に十数人の親類縁者の生活まで、秀子の肩に担わせてしまった。成長するに従って、秀子自身は女優という職業が好きになれない自分に気づいていくが、やめることはできない。次から次へと映画に出て、人は彼女を「大スター」と呼び「大女優」と誉めそやし、遂には金の亡者となった養母がボケて、財産を争う兄弟たち、私利私欲丸出しで近寄ってくる数多の人間が現れて……。

その間、学校と名のつくものに通ったのは、小学校一カ月、女学校数日。それが、学びたくて仕方のなかった高峰秀子の学歴の、すべてである。

これでも人は、「いいわねぇ、綺麗な洋服を着て、美味しい物が食べられて」と言うのだろうか——。

ドラマチックと呼ぶには、あまりに酷だ。

作家の沢木耕太郎氏がかつて高峰さんに言った。

「もしも松山さんと出逢っていなかったら、高峰さんはどうなっていたでしょうね……」

また、そのずっと以前、やはり作家の司馬遼太郎氏は言った。

「どんな教育をすれば高峰さんのような人間ができるんだろう……」

その時、二人は二人とも同じ表情で言った。即ち　呆然として。まるで独り言のように。

思えば、よくよく作家を呆然とさせる人らしい、高峰秀子という人は。

いくら熱心に『わたしの渡世日記』を読んだところで、そして本人から話を聞いたとしても、私が知り得る高峰秀子の人生は、そのうちのほんの一部である。もし私が、高峰秀子が生まれた時からずっと、片時も彼女の側から離れず、ピタリと影のように張り付いてその歳月を具(つぶさ)に見ていたとしたら、間違いなく、私は卒倒しただろう。そのめまぐるしさと凄まじさと、騒々しさに。まさにそれは〝修羅〟と呼ぶにふさわしいほどの半生だったに違いない。

いつか、高峰さんがポッンと言ったことがある。

「一歩間違えば、自棄になって、てなし子の一人や二人産んでたかもしれないよ」

――あれはどういう意味だったの？

私は改めて高峰さんに聞いてみた。

「デブへの当て付けとして言ったのよ」

そう、高峰さんは答えた。

つまり、それほど養母・志げの、秀子への締め付けと専横は常軌を逸していたということであり、さすがの高峰さんもそのことに耐え難く、自暴自棄になっていたとしてもおかしくはない時期があったということだろう。

だが実際の彼女は、一歩も間違えなかった。

そうはなりたくないという、〝意志〟があったからだ。

もしあなたや私が、高峰秀子と同じ境遇で生きてきたとして、あなたや私は〝高峰秀子〟になれるだろうか？

どれほどの苦汁を呑んでもくじけず、心正しき男を選び、安寧に満ちた今を得られるだろうか？

人間は弱い動物である。しかし、人間には不可能を可能に変える力がある。こだわらない意志。

一見矛盾しているように思えるこの力をもって人生を歩き続けているのが、高峰秀子という人ではないだろうか。

二〇〇八年十月某日、秋晴れ。麻布・松山邸。

最近、松山家に変化が三つ。

その一。驚くべきことに、高峰さんが、ビデオ機とＤＶＤプレーヤーを自在に使えるようになった。

「紙に書いて」と言うので、私が懇切丁寧なマニュアルを大きな紙に書き、最初は「さ、かあちゃん、やってみて」と目の前でやらせていた（エラそうに）が、数日後には、「大したもんだ、秀さんは」と松山氏が驚嘆の声を上げ、本人も「すっかり上手くなっちゃった」と胸を張るほど、上手に操作できるようになった。

その二。夫妻がコンビニのサンドイッチをいたく気に入り、時々食べるようになった。たまたま私が食べていたのを見て、二人が声をそろえて「美味しそうだね」と言ったのが始まりだった。

高峰「あそこのチビマーケットで買ったの？」

私「ん？　チビマーケット？　あ、コンビニのことね。そうそう、あそこで買ったの」

松山「その店で作ってるのか、これは？」

私「？？？　作ってるわけないじゃないよ。トラックで運んでくるの、一日に何回か」
松山「どこから運んでくるんだ？」
私「どこからって……、このラベルには、埼玉県の○○市△△って書いてあるけど」
松山「いずれにしろ、よく出来てるねぇ」
高峰「結構、美味しいね」

というわけで、ちょっとトンチンカンな会話ではあるが……。

その三。これが何より私の嬉しいことだ。高峰さんが〝歩く〟ようになったのだ。って、別に今までだって歩いていたのだが、「歩くために歩く」ようになった。ただし、家の中を、だが。

「イチ、ニッ、イチ、ニッ……」

松山氏が後ろからついて、掛け声をかける。

最近は私もその後に続いている。

「ホラ、だんだんテンポが落ちてるよ」

氏の厳しい声が飛ぶ。

「イチ、ニッ、イチ、ニッ」

何しろ、松山家は部屋が広い。ダイニングの高峰さんの席からスタートして、寝室を通り、バスルームの前でUターンして、応接セットの横を過ぎ、再びダイニングに行って……それを三周している。

「来週からは四周にするぞ」

松山トレーナーは計画している。

人間の能力は大したものである。数日歩いただけで、以前と比べて明らかに、脚の運びが速くなってきたのだ。

「イチ、ニッ、イチ、ニッ……」

高峰さんの小さな背中、松山氏のちょっと細くなった背中、その二つの背中を見ながら、私は思う。

何度生まれ変わっても、こんな人達には二度とめぐり逢えないだろう。

イチ、ニッ、イチ、ニッ、イチ、ニッ。

この春、高峰秀子は、八十五歳になる。

ひとこと

高峰秀子

「理解する」。国が国を、人間が人間を理解するからこそ、いささかギクシャクとしながらも世の中は流れてゆく。考えてみれば私たちは、常時、天国と地獄のすれすれのところを生きているわけで、何やらおそろしいことである。「そんなことは分っているョ」と人は言うだろうけれど、理解にも「限度」というものがあろう、と私は思う。

斎藤明美サンは、短所だらけの欠陥人間である私をことごとく承知しながらも理解し、限度などぶっ飛ばしてなめるようにして綴りあげてくれたのがこの本である。本ばかりではなく、明美サンは私たち夫婦の日常の面倒まで気を使っていてくれる。「感謝」などという月並みな言葉を通り越して、ビックラ仰天している、というしかない。

明美サンに、心から「ありがとう」と言います。

あとがき

斎藤明美

高峰秀子という人と初めて接点を持って、二十二年の歳月が経とうとしている。その間、私の心の中には片時も去らず、彼女が存在していた。今はもっと強く存在している。

なぜそこまで私は高峰秀子に魅せられたのか。

たぶん、その答えを探そうとして、私はこの本を書いたのだと思う。

だが、果たして私は答えを見つけることができたのだろうか。彼女の一端でも理解し得たのだろうか。

私が確信を持って言えることは、ただ、私が「理解したい」と思い続けてきたこと、それだけである。

それほど、高峰秀子という存在は、輝きに満ちている。そして夫君の松山善三氏は、未だに信じがたいほど清廉である。

その輝きとは、きっと多くの人間が摩滅させ、気づかぬうちに失ってしまいがちな、〝善なる本能〟とでも言うようなもの。他者を幸せにする要素のことなのではないかと、この頃、よく感じる。

この人の前でなら、躊躇なく額(ぬか)ずける。
一点の曇りもなくそう思える人達に出逢えたことを、私は心から幸せだと思う。

平成二十一年　師走

文庫版に寄せて

主を失くした犬——亡き母・高峰秀子に捧ぐ

斎藤明美

高峰が逝って十年が経った。その十年は、残された父・松山善三との楽しい思い出も作ってくれたが、やはり当然のように高峰が生きていた時間より寂しく、辛いことイヤなことのほうが多かった。それは松山も同じだったたと思う。

もともと私は、誇らしい気持ちで、自分は道端で高峰に拾ってもらった野良猫だと自認していた。だが二人が老いてゆくにつれて、いや、猫では役に立たん、犬になろう、番犬になるのだと決めた。

「なんか赤ずきんちゃんのお祖母さんみたいだね」と言ってしまったほど、高峰は午後の時間、大きな枕を背もたれにしてベッドの中で本を読むのが日課だったのだが、ある日、その高峰に、私は自分が住む離れから走っていって「かあちゃ〜ん」としがみつくと、少しして「さ、もう（離れへ）帰んなさい」と言われたことがある。私にはそれが「ハウス!」に聞こえて、やっぱり自分は高峰の飼い犬なんだと可笑しかった。

だが高峰は死んだ。その時、ある先輩が言った、「あなたにはもう後ろ盾がないんだから、これから苛められるよ」。果たして、いきなり掌を返した高峰と旧知だった人、高峰さえいなければこっちのものだとばかりに詐欺まがいの動きをした人——様々出現した。

堅牢な防波堤がとれた途端、大波が襲い、巨大な太陽が消えた世界は、暗闇に閉ざされた。

もう鎖の端を握ってくれていた女主人はいない。私は幸せな飼い犬ではなく、獰猛な番犬にならねばならない、たとえ暗がりの世界でも、何とか松山に波がかからぬよう守ることが私の使命だ。この家に仇なす者は誰であっても食い殺す、そう決めた。

三年前、だがその松山も逝った。残された番犬は途方にくれ、老いて、主のいなくなった家で、かすかな二人の匂いだけをたよりに、ぼんやりとうずくまっている。ズリズリと長い鎖をひきずりながら、時折近づく怪しの者に牙を剝くが、その気力は衰え、死んだ主人への忠誠が本能としてそうさせているにすぎない。

視界に紗がかかっている。どこか腑抜けている。

そんな時、編集者が「是非読め、すぐ読め」と知らせてきたのが、週刊誌に掲載された楠木建氏の読書日記だった。

高峰の自伝『わたしの渡世日記』を〈自分にとっての運命の一冊〉、高峰を〈言葉の正確な意味での「師」である〉と。あろうことか拙著にも触れてくださっていた。

涙が出た。

プロフィール欄を見ると、私より八歳も若く、そして一流大学院の教授で、作家でもある。

高峰が生きていたら、何と言っただろう。照れ隠しに「奇特な人がいるね」とだけ言って、ニカッと微笑んだろうか。

だが私にはわかる。自分とは畑違いの世界で活躍する、しかも五十代の男性が、こんなことを書いてくれた事実を、高峰がどれほど幸せに思ったか――。

褒められたからではない、そんなふうに自分を理解してくれた、そのことを何より高峰は喜んだはずだ。

そしてこのたびも寄せてくださった氏の文章。

〈究極の自律と自立〉

〈その最高傑作は『二十四の瞳』でも『浮雲』でもない。高峰秀子という存在そのものであり、その人生だった。〉

氏の文章は、奇しくも没後十年を迎える高峰へのこれ以上ない贈り物となった。

そしてその文章は、垂れこめた黒い雲間から差すレンブラント光線にほかならず、疲れた老犬は、天を仰ぎながら尾を振っている。

令和元年十一月　庭は一面の落ち葉

文庫版解説
国語、算数、高峰秀子

楠木　建

高峰秀子。女優。一九二四年生まれ。五歳でデビューし、天才子役として活躍。戦前は売れっ子アイドルとして数多くの映画に主演。戦後はありとあらゆる役の本質を摑んで演じきる実力派へと脱皮し、全盛期の日本映画界の頂点に立った。二〇一四年の『キネマ旬報』の「オールタイム・ベスト日本映画女優」で第一位、二〇〇〇年に同誌が発表した「20世紀の映画スター」でも読者選出の女優部門第一位。ようするに日本映画界最高にして最大の名女優。当時が映画全盛期だったことを考えると、高峰以上の映画女優はもう二度と現れないと言ってよい。

木下惠介監督の『二十四の瞳』、成瀬巳喜男監督の『浮雲』など歴史に残る名作に連発出演し、五十五歳で女優業から退いた。その後八十六歳で死去するまで随筆で活躍し、名文家として名をはせた。

高峰秀子の文章に初めて接したのは高校生のとき。現代国語の教科書で「黒」というエッセイを読んだのが最初だった。そのときはたいして印象に残らなかった。それでも覚えているのは、この短い文章の中に「白も黒も、のっぴきならない色である。」という一文があり、これで僕は「のっぴきならない」という言葉を知ったからだ。辞書を引いて意味を知り、この言葉を選び使うセンスがカッコいいと思った。

その後、三十歳前後で遅ればせながら代表作の『わたしの渡世日記』と出会った。のっぴきならない衝撃を受けた。もっとも影響を受けた本を一冊挙げろという無茶な質問をされたら、『わたしの渡世日記』と即答する。

他にも「運命の一冊」といえる本はいくつかある。テレビの創成期に活躍したプロデューサー、井原高忠『元祖テレビ屋大奮戦！』を大学生の頃に読み、強い影響を受けた。仕事を始めたころに読んだ小林信彦『日本の喜劇人』から受けた影響は、その後の仕事生活の広い範囲に及ぶ。

高峰秀子の著作から受けた影響は、僕にとって「強い」「広い」というより、ひたすら「深い」のである。まさにディープインパクト。仕事や生活のあらゆる局面で、半ば無意識のうちに、「高峰秀子ならどう考えるだろう、どうするだろう」と自問自答するのが習慣化している。高峰秀子の影響は僕の価値基準の奥底にまで及んでいる。

幸いにして、高峰秀子の著書は二十四冊もある。しかし、二十四冊しかない。もう本人に書いてもらうことはできない。その死まで長い間にわたって近くにいた著者の存在はいよいよ貴重である。著者は『高峰秀子の捨てられない荷物』『女優にあるまじき高峰秀子』など、高峰秀子の哲学と精神を今に伝える本を数多く書いている。いずれも素晴らしい内容だが、最初に読むべき本として本書『高峰秀子の流儀』を推す。

高峰秀子の同時代人に時代小説作家の池波正太郎がいる。分野は違うが、二人には共通の美点がある。自分の足で立ち、自分の手を動かし、自分の腕を頼りに独力で名を成した。何よりも両者とも自らの日常生活のあり方にすみずみまで自覚的だった。両者の随筆にも共通点がある。いずれも練り上げられた生活ルーティンの美と妙を堪能できる。僕もそうなのだが、高峰秀子の作品が好きな人には池波正太郎の随筆も好んで読む人が多いような気がする。

ただし、この二人の文章にははっきりとした違いがある。池波正太郎は説明的である。自らの生活様式とその背後にある哲学を開陳するだけでなく、「そういうことはするもんじゃない」とか「なぜかというと……」と教え諭してくれる。一方の高峰は言いっぱなし。日常生活での経験に基づいた思考や嗜好についてのサラッとした記述があるのみ（その典型が僕が初めて読んだ「黒」）。あとは推して知るべしというスタンスだ。

高峰秀子の目撃者にして観察者であった著者は、時空間を共にした人でなければ知りえない数多くの高峰のエピソードを通して、その根底にある価値観を言語化し、読者が学ぶべき人生の原理原則を引き出してくれる。これが実にありがたい。

二十年にわたって道元禅師に師事した孤雲懐奘（こうんえじょう）は、道元が折にふれ弟子たちに説いた言葉や、道元との問答を『正法眼蔵随聞記』にまとめた。これが後の人々が道元の人となりや思想を理解するための基礎となった。著者は高峰秀子にとっての懐奘であり、本書は『正法眼蔵随聞記』のようなものだ。高峰哲学の入門書にして解説書である。

軽佻浮薄、冷酷無残な映画界。周囲を怜悧に観察し、独力で考え、判断し、行動する。高峰はこの基本動作をひたすらに繰り返し、素手で自らの価値観を練り上げていく。本書が描く映画から退いた高峰は、いよいよ独自の原理原則を研ぎ澄まし、それに忠実な日常を重ねていく。動じない。求めない。期待しない。振り返らない。迷わない。甘えない。変わらない。こだわらない——。究極の自律と自立。高峰秀子が長い時間をかけて練り上げた原理原則が明らかになる。

ギリシャ人のジャーナリスト、タキ・テオドラコプロス（通称タキ）の『ハイ・ライフ』という随筆集の中に「スタイルとは何か」という名文がある。第一次世界大戦の直前に、ある晩餐会があった。その席でさるフランスの貴婦人が気分が悪くなり、もうこのまま死ぬのではないかという予感がした。そこで彼女はウェイターを呼んで囁いた。「急いでデザートを持ってきてちょうだい」。スタイルとはこういうものだ、とタキは言う。

死ぬ前にデザートが食べたかったからではもちろんない。自分がここで死んでしまうと、晩餐会が台無しになる。そこで食事の進行を急がせる。これぞスタイル。「誰も知らない。が、見ればそれと分かるのがスタイルだ」「とらえどころのない抽象的な資質で、持っている人は持っているし、持っていない人は持っていない」「見せかけの反対で、人格が知らず知らずのうちににじみ出たもの」とタキは喝破する。

高峰秀子こそ日本最高のスタイリストにして最高度の知性と教養の持ち主である。さらに重要なこととして、その知性が日常の生活と行動の隅々にまできっちりと行き渡っている。自らの手の内にある哲学によって細部まで完成された生活。潔く生きるとはどういうことかを身をもって教えてくれる。

高峰秀子が生涯をかけて創り上げた生活哲学は、「善く生きるとはどういうことか」という問いに対するほとんど完全な回答を提示している。しかもそれは誰のためでもない。ひたすらに自分のため。利他と利己が完全に溶け合った「生活芸術」。仕事者としても生活者としても、僕にとってこれ以上の手本はない。

高峰は不幸を背負って生きた人だった。量的に不幸な人は大勢いるが、彼女の不幸は質が違う。物心ついて以来ずっとスターだった高峰は、小学校教育すらまともに受けていない。嫌で嫌で仕方がなかった女優業を続けざるを得なかった。一族郎党十数人を五歳のときからただ一人で養わなければならなかったからだ。五歳で母を結核で亡くした高峰は養母に引き取られる。これがまことにすさまじい人で、高峰を徹底的に「金銭製造機」として扱った。近づく者をことごとく排除し、行動のすべてを監視し、ひたすらカネを搾り取る。

司馬遼太郎が高峰秀子を評して「どのような教育を受けたらこのような人間ができるのか」と感嘆したそうだが、本書を読むと彼女を教育したのは彼女自身であることが改めてよくわかる。想像を絶する不幸な境遇を逆手にとって大女優に上り詰めた高峰秀子。女優として五十年にわたり第一級の仕事を続けただけではない。小学校の教育も受けておらず、算数の小数点も計算できなかった高峰は、最高度の教養を身につけ、一流の随筆家として成功した。

セルフメイドの生活哲学者。天才的な人間というより、「人間の天才」。それが高峰秀子という人だった。その最高傑作は『二十四の瞳』でも『浮雲』でもない。高峰秀子という存在そのものであり、その人生だった。夫であり脚本家の松山善三との二人三脚の生活の総体だった。一挙手一投足、言葉のひとつひとつが身に染みる。

本書にはシビれるエピソードが満載だ。著者が初めて高峰秀子本人に会ったときの話がイイ。雑誌記者として数多くの著名人にインタビューをしてきた著者は知っている。取材現場に一人で来る女優はいない。取り巻きや連れの多さが女優のステイタスだからだ。ところが、高峰秀子は一人で来る。で、ニカッと笑って「こんにちは。高峰です」と一言。これにシビれる。

仕事でいちばん大切なものは信用。当たり前に聞こえる。しかし、高峰秀子の教えは深い。信用とは何であって何ではないのか。「信用」と「人気」の違いについての話がイイ。普通の女優は人気を求める。人気を大切にする。文字通りの人気商売だからだ。しかし、一時的な人気と信用は似て非なるもの。高峰秀子は映画にしても執筆にしても、仕事生活の根底に一貫して信用というものを据えていた。「私の映画人生の一番底にあるものは、〝信用〟ということですね。その役者が出ている映画を観る時、観客が『アイツが出る映画なら大丈夫だ』という気持ちになってくれる。それが一つの信用でしょ」「私が今こうして生きていられるのも、そうやって私の映画を観てくれた人達や、私が書いたものを読んでくれる人達のお陰ですよ。信用してるから、私の本も読んでくれるんだし、人間、生まれて死ぬまで、とにかく大事なものは信用です」。

需要あっての仕事。人気は確かに需要のひとつの側面ではある。人気があるときは何でもできる。人気はオールマイティのように見える。しかし、本当にものを言うのは、長い時間をかけて積み重ねた信用のほうだ。すぐに役立つものほどすぐに役立たなくなる。人気は自分でコントロールできない。一方の信用は、時間はかかるけれども、自分の手でつくっていくことができる。自分でコントロールできないものに依存するのは間違いなく間違っている――。どんな仕事にも当てはまる原理原則だ。信用と人気の違いを知っているかどうかでその人の仕事の質と成果は大きく変わってくる。万人にとっての高峰哲学の実用性をよく示す一節だ。

しかし、である。その特異な資質と経験と経歴からして、高峰秀子という人間にはまったく再現性がない。井原忠高の本を読んだ若い頃の僕は、この人のようになりたい、こういうふうに仕事をしたいと祈念した。しかし、高峰秀子のようになりたいとは思えない。具体的なレベルで、彼女と同じ生き方をできる人はまずいない。彼女の自己抑制と自己規律は尋常でない。自分に厳しく、人にも厳しい。自分に甘い僕としては、せいぜい他人にも甘く生きるしかない。それでも、仕事や生活のときどきに、「高峰秀子ならどう考えるだろう、どうするだろう」と自問自答する。それでだいたい間違いない。

高峰秀子という存在には国民的な教養としての価値がある。凡百の「教養書」を表面的になぞるくらいなら、この偉人についてよく知るほうがよっぽど人生に役立つ。国語、算数、高峰秀子。僕が文部大臣なら、日本の義務教育に「高峰秀子」という学科を新設する。教科書として使うのはもちろん本書、『高峰秀子の流儀』である。

斎藤明美の高峰秀子映画案内

『浮雲』

結婚を控えた高峰秀子が引退を胸に臨んだ日本映画の白眉

　高峰秀子五十年の女優人生を代表する最高傑作であると同時に、日本映画界が世界に誇る不朽の名作である。「俺に撮れないシャシンは、溝口の『祇園の姉妹』と成瀬の『浮雲』だ」、名匠・小津安二郎の言葉はあまりに有名。

　一人の女が、妻ある男、それも不実な男を愛し、翻弄され、それでもなお自身を失うまいとしてもがきながら、一時は娼婦にまで身を落とし、泥沼のような関係を続けていく物語。終戦後の荒廃した空気が、一組の男女の、離れようにも離れられない絶望的な行く末を暗示する。「森さんのお陰です」、高峰も讃える通り、相手役の森雅之は、自堕落で捉えようのない、それでいてあまりに魅力的な男の造形を見事に作り出した。そして高峰は、「家族で観られる映画」という自身のモットーを破り、女の愚かさ、哀しさ、一途さ、それら女という生き物が持つどうしようもなさを渾身の演技で銀幕に焼き付けた。その裏に

一九五五年度
監督／成瀬巳喜男　原作／林芙美子　共演／森雅之ほか
販売元／東宝

は、結婚を控えた高峰の「これが最後」という密かな引退の決意があった。

名匠と名優のもと、まさに〝天使が通る一瞬〟が生み出した奇跡。そして「あれは、やる気でやりましたよ」、高峰秀子をして言わしめた、唯一無二の作品である。

『華岡青洲の妻』

四十三歳の高峰秀子が息を呑むような気品と美しさで武家の女を

世界初の全身麻酔による乳がん手術に成功した江戸後期の医師・華岡青洲を主人公に、彼の愛情を確かめるため競って実験台になろうとする母・於継と嫁・加恵の凄まじい女の闘いを描いた名作。高峰によれば、本作を書き上げた原作者の有吉佐和子が「母を演ってくれ」と依頼してきた時、小説の題名は『華岡青洲の母』だったそうだ。だが新潮社から刊行される際、編集者が「母では地味だから〝妻〟にしてほしい」というので、現在の題名になったという。

於継の役は、舞台では杉村春子の当たり役で、名優杉村の演技ももちろん素晴らしかった。

が、この映画における高峰の品格はずば抜けている。四十三歳の高

一九六七年度
監督／増村保造　脚本／新藤兼人
原作／有吉佐和子　共演／市川雷蔵ほか
販売元／角川書店

峰が見せた息を呑むような美しさと、賢女と謳われた女が、息子を溺愛するあまり凡庸な老母の姿を露呈していく演技力は、絶品である。

また市川雷蔵のいつもの白塗りとは違うリアルな面差しで見せる青洲は、彼が凡庸な時代劇役者ではなかったことを証明している。

これがキネマ旬報ベスト・テンの第5位だったことを思えば、当時の日本映画のレベルがいかに高かったか思い知らされる。高峰秀子には珍しい時代物でありながら、武家の妻をその全身で見事に体現した必見の一作である。

『名もなく貧しく美しく』

夫・松山善三の初監督作品。その衝撃のラスト……

戦中戦後を懸命に生き抜く一組の聾唖者夫婦を描いた、松山善三第一回監督作品。これは松山のオリジナル脚本であるが、それはある日、彼が有楽町で夫婦の靴磨きに靴を磨いてもらったのが発端。百円札を出したところ、夫婦はお釣りの小銭がなく、近くにいた同業の仲間の所へ両替に。その時、松山は彼らが互いに手話を使って話している姿を見た。翌日、松山は品川の聾学校へ行き、生徒達の思いをアンケートの形にしてもらって、脚本にとりかかったそうだ。

とにかく泣かせる映画だ。そして泣きながら誰もが必ずこのラストに「なぜだ⁉」と、悲痛な憤りを覚える。あえて結末は明かさないが、そのようなラストにした理由を松山氏に聞くと、「当時は障害を持つ人達は、互いに仲間と助け合っていかなければ生きていかれない時代状況だった。しかし主人公の片山秋子は自分達が幸せであればそれでいいと思うんです。だから僕は、罰の意味で……」。国外向けのハッピーエンド版があるという。是非観たいものだ。

それまでの日本映画になかったテーマ、彼の妻・高峰秀子が見せる手話の見事さ、手話を字幕で表現するという斬新さ、全てが観る者を驚かせ、タイトルは当時の流行語にもなった。妻に毎日映画コンクール女優主演賞をもたらし、自身は同脚本賞、ブルーリボン映画賞脚本賞、外務大臣賞受賞。キネマ旬報ベスト・テン第5位。作家・長部日出雄氏曰く「この一本だけで松山さんは日本映画史に残る」、松山善三の傑作。

一九六一年度
監督・脚本／松山善三　共演／小林桂樹ほか
販売元／東宝

『二十四の瞳』

日本映画の金字塔であり、高峰が生涯の伴侶と出逢った作品

もはや説明不要とも言える〝国民的映画〟。日本映画の金字塔であり、『浮雲』に並ぶ高峰秀子の代表作だ。

瀬戸内海に浮かぶ小豆島で、「おなご先生」と十二人の児童が繰り広げる温かな交流の物語は、公開当時、日本中の感涙を集めて大ヒット、小学校教師を志願する者が急増し、また小豆島にオリーブ以外の〝名産〟をもたらした。

この映画で大石先生を演じる高峰秀子を見れば、「役者は自分の中にないものは表現できない」ということが改めてわかる。それほどに、子供達に接する高峰の大石先生は慈愛に溢れて清潔、スクリーンに映じた彼女の姿は、名匠・木下惠介が撮った小豆島の美しい風景と共に永遠に日本人の心に残るであろう。

またこの作品は高峰個人にとっても、思い出深い一作だ。この撮影中に、木下の助監督だった若き松山善三が勇気を奮って大女優・高峰秀子に交際を申し込み、翌年には結婚に至るという、言わば〝縁結び〟の映画だからである。キネマ旬報ベスト・テンの第1位。そして第2位も木下・高峰コンビの『女の園』。第3位が黒澤明の『七人の侍』だった。

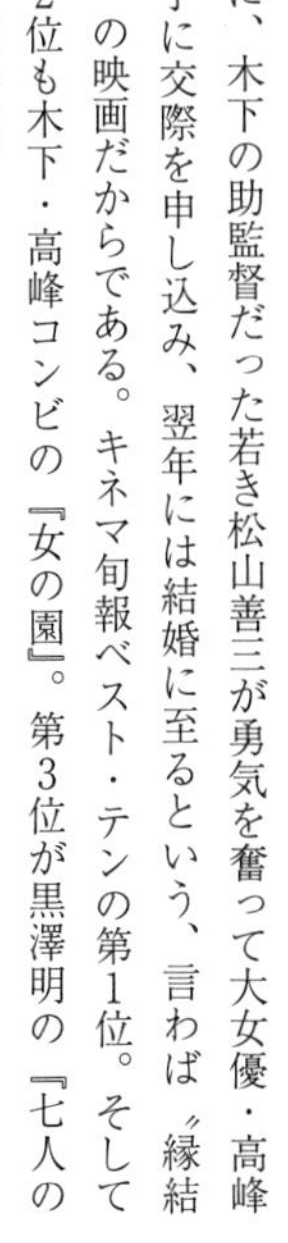

一九五四年度
監督・脚本／木下惠介　原作／壺井栄　共演／月丘夢路ほか
『木下惠介生誕100年　二十四の瞳』販売元／松竹

『無法松の一生』

高峰秀子の演技の幅を再認識。リメイク版では珍しい成功例

昭和十八年に同じ稲垣浩監督が阪東妻三郎主演で撮った名作のリメイク。明治期の九州・小倉を舞台に、大尉の未亡人に無償の愛を捧げた人力車夫の物語。無骨で無学な主人公・富島松五郎が未亡人とその息子に注ぐ真心は、今の日本人が最も失った精神性と言える。

本作は、三船敏郎が段ビラを振り回す剣豪以外の役も演じられることを証明した点でも貴重。ただし繊細さを表現する力においては、やはり阪妻には及ばない。その三船を支えて、高峰秀子は抑えた、それでいて芯のある芝居を見せて見事だ。

昭和二十一年、三船が東宝ニューフェイスの面接を受けた際、彼は本来カメラマンの助手志望だったため、「笑ってみなさい」と言われてもニコリともせず、極めて無愛想で、試験官達は不合格の判定をしようとした。それを「今落とすのは何でもないが、使ってみてダメなら落とせばいいじゃないか」と留めたのが、高峰が「映画の師」と仰ぐ山本嘉次郎監督だった。その全てを目撃していたのが当時二十二歳の高峰。高峰は山本から「将来の相手役になりそうな人を見つけなさい」と言われ試験官の一人として席を連ねていた。彼女は「いい新人

●一九五八年度
監督／稲垣浩　原作／岩下俊作
脚本／伊丹万作・稲垣浩　共演／三船敏郎ほか
販売元／東宝

がいるんだけど、態度が悪くて山さん（山本嘉次郎監督）が困っている」と、黒澤明に加勢を求めに行った。この時の高峰の判断がなければ、黒澤・三船のコンビもあり得なかった。

キネマ旬報ベスト・テンの7位。

『春の戯れ』

少女スターから女優に成長した高峰が魅せる、隠れた名作

舞台は明治初期の品川。幼馴染のお花と正吉は互いに惹かれているが、正吉の外国への憧れやみ難く、お花はある決意を……。

監督は、高峰主演で名作『綴方教室』『馬』を撮り、高峰が「私の映画の師」と明言する名匠山本嘉次郎。その山本が、フランスの劇作家マルセル・パニョルの「マリウス」と「ファニー」を翻案、港町マルセイユを品川に置き換え、オープンセットを駆使して描いた傑作。

とにかく役者がいい。二十五歳の高峰が、既にして人間の〝深奥〟を演じきれる女優に成長していることを証明した貴重な一作であることはもちろん、それを取り巻く少年のような若き宇野重吉、その父親役の徳川夢声、お花に無償の慈愛を注ぐ大店の主人・三島雅夫、お花の母親役・飯田蝶子と、当時の日本映画界がいかに優れた役者を有し

春の戯れ

一九四九年度
監督・脚本／山本嘉次郎　共演／徳川無声・宇野重吉ほか　製作／新東宝
配給／東宝

ていたかを痛感する。

六十年ぶりで初めてこの映画をビデオで観た高峰秀子が、観ていて思わず「勝手な男だねぇ」と呟いたのは、果たして誰に対してか。

真に誰かを愛する時、人はどういう行動をとるのか。この映画を観ると、改めて愛情の深さ、辛さを教えられる。ＤＶＤ化を切望する。

『乱れる』

年齢に応じた役柄で名演するプロ・高峰秀子四十歳の傑作

高峰秀子には不幸な役が似合う。もちろん木下惠介監督の『カルメン』ものや『風前の灯』など喜劇の名作もあるが、やはり『浮雲』『女が階段を上る時』に代表される悲劇の主人公において、高峰は一段とその輝きを放つ。

本作もその一つ。そして高峰が、十七作と最も数多くコンビを組み、互いに厚い信頼感で結ばれていた名匠・成瀬巳喜男監督による作品。

夫を亡くし一人で酒屋を切り盛りしていた礼子は、姑（三益愛子）や小姑（草笛光子、白川由美）の思惑を察して自ら山形の実家に帰る道を選ぶが、礼子を庇い、真っ直ぐに慕う義弟（加山雄三）がその後を追う。そしていったんは銀山温泉に途中下車する二人だったが……。

一九六四年度
監督／成瀬巳喜男　脚本／松山善三　共演／加山雄三ほか
販売元／東宝

高峰と加山が夜行列車で向かい合うシーンは台詞がないだけに、その清浄さとせつなさが胸に迫る最高のラブシーンと言える。

そして何より、ラスト。着物の裾を乱して駆ける高峰の姿。顔のアップ。この時の高峰秀子の眼！　演技者とは何かということを思い知る、まさに映画史に残る〝眼〟である。

人間の心に潜む醜さ、弱さ、そして哀れさ、美しさ、その襞の奥底を描いた脚本で、本作を支えたのは、高峰の夫・松山善三。その意味では、女優をやめるべく意識的に仕事を減らしつつあった妻と、代わって脂の乗り始めた夫の、結婚十年目の共同作業と言える。

銀山温泉は、この映画のロケ地になったことで、一躍脚光を浴びた。

『煙突の見える場所』

ただの勝気な女になりかねない役を、深みある人物に仕上げた高峰

舞台は、見る場所によって一本から四本までにと様々に見える通称〝お化け煙突〟が立つ東京の下町・北千住。田中絹代と上原謙扮する中年夫婦の家の二階に下宿するのが、税務署に勤める青年・芥川比呂志と、そして商店街のアナウンサーとして働く高峰秀子だ。そこにある日、家の縁側に赤ん坊が捨てられていたことから騒動が起きて……。

時代とはいえ、荒川土手の下にある安普請の家、襖一枚隔てて下宿する若い男女、その各々の部屋で七輪を使って煮炊きする生活など、プライバシーも何もあったものではない当時の、貧しいがおおらかな暮らしぶりが面白く、今となれば羨ましくさえ思えるほど。

「私は主役じゃないし」と、高峰自身は本作に何の思い入れもないらしいが、かつて役作りについて「役の人物の、脚本には書かれていない好みや生い立ちを自分なりに考えて演じるのは当たり前」と言った通り、本作でも、その演技力で、仙子という独身女性に奥行きを与えて見事だ。そして自分に思いを寄せる隣室の青年への至って冷静な態度や、階下の夫婦へのシニカルな見方をする芯の強さ、またどこか愛嬌があってキュートな仙子が、高峰自身と重なるところがあって、興味深い。

一九五三年度
監督／五所平之助　原作／椎名麟三　共演／上原謙ほか
販売元／バップ

椎名麟三原作『無邪気な人々』を、名匠・五所平之助が監督、小国英雄が巧みな脚本に仕上げて、キネマ旬報ベスト・テン第4位、ベルリン映画祭・国際平和賞を受けている。

『東京の合唱（コーラス）』
子役時代の高峰秀子が観られる小津安二郎の傑作無声映画

可愛らしいにもほどがあるというほど、六歳の高峰は、可愛い。

物語は、失業した若い父親（岡田時彦。岡田茉莉子の父）が、地方の教職を得るまでを描く家族模様。高峰はその家の長女役で、腕白な兄に苛められたり、病気になって入院したりと、物語に欠かせぬ小さな花となっている。

それにしても上手い！　大人達が芝居をしている間も、六歳の高峰はその目線や仕草でちゃんと演技をしているのだ。そして何よりも、子役にありがちなこまっちゃくれた過剰さがない。その演技はもはやこの頃から、さりげなく自然で、しかも説得力があったのだ。兄に、口の中からドロップを奪われて、縁側で「ワーン」と泣くシーンでは、ギザギザになった味噌っ歯が見えて、ご愛嬌だ。

だがこの頃、高峰は、自分の乳歯を引き抜く養母を見て、「ふーん、歯が綺麗なほうが子役は売れるんだな」と思い、「秀ちゃん、出番だよ」と控え室に迎えに来た助監督の猫なで声に、「ふん、私がお金を稼ぐからそんなおべっかを使うんだろう」と思い、また撮影が深夜に及ぶとわざと狸寝入りをして、「秀坊が寝ちゃったから、今日はここまでにしよう」と監督に言わしめる、世にも恐るべき子供だったのである。

一九三一年度
監督／小津安二郎　脚本／野田高梧　共演／岡田時彦ほか
『あの頃映画　松竹ＤＶＤコレクション　東京の合唱／淑女と髯』
販売元／松竹

まさに「栴檀は双葉より芳し」大女優・高峰秀子の、六歳にして既に十四本目の出演作（小津監督が二十二本目なのを考えると、凄い六歳だ！）。キネマ旬報ベスト・テン第3位。

『女が階段を上る時』

三十五歳の高峰秀子が見せる芳醇な色香。衣装も担当した

高峰秀子という女優の凄さは、白いブラウスが似合う堅気の女の清楚と、夜の世界に生きる女のあやうい色香の両極を完璧に演じて、しかもどちらにも品があることだ。

夫を亡くした圭子は銀座の高級バーの雇われマダムとして働いているが、何とか堅気の生活に戻りたいと願っている。だがその肩には不甲斐ない兄と我儘な母親が重くのしかかっている。そして圭子の堅さを尻目に、若いホステスは圭子を裏切り、肉体を武器に客を奪う。借金に苦しむ圭子を「金」と「結婚」を餌に虎視眈々と狙う男達……。

人間を理解し尽くした名匠・成瀬巳喜男が要求する緻密な心理描写を、高峰はあまりにも見事に演じて、観る者を圧倒する。

大プロデューサー・藤本真澄が高峰の高いセンスを買って衣装も依頼。高峰は撮影に入る前に数十人の登場人物全てに的確な衣装を決定

一九六〇年度
監督／成瀬巳喜男　共演／森雅之・団令子ほか
販売元／東宝

して、完璧主義者の成瀬を喜ばせた。自身の衣装については、「あまりデレデレしていない。そうかと言ってバーの女だから堅いものも着られない」という観点から選んだとか。中でも特別に染めてもらった「片身替わり」の着物は、本作公開後、女性達の間で人気を呼び大流行した。圭子が着る一つ一つの着物が、その心情を一層際立たせて、素晴らしい。

不幸な境涯を懸命に生きる主人公を演じて高峰の右に出る女優はいない。『浮雲』に勝るとも劣らぬ大女優・高峰秀子の最高傑作。

『張込み』

殆ど台詞なしで〝演ずる〟ことの真髄を見せつけた高峰秀子

舞台は九州・佐賀。子持ちの銀行員の後妻として静かに暮らす一人の女と、その女の一挙手一投足を向かいの二階からじっと見つめる二人の刑事。それを結ぶものは、東京でピストル強盗を犯して逃亡中の若き男、女のかつての恋人である。必ず男は女に連絡してくるはずだ。固唾を呑んで女を張り込む刑事達、何事もなく死んだような日常を繰り返す女……。緊張が頂点に達した時、女がかすかな動きを見せた。

高峰には殆ど台詞がない。それだけに、セミドキュメンタリータッチの画面で見せる彼女の無言の演技は、まさに演じることの真髄そのものと言える。特に、それまで〝死んだように〟暮らしていた女が徐々に息を吹き返していく時の階調と、遂に男と落ち合った時、初めて見せる〝血の通った〟女の顔。そのダイナミズムは、思わず観る者を粟立たせる。

そして結末……。最後に見せる高峰の演技は、推理小説を文学の域に高めた松本清張が描こうとした、生きることの残酷を、あまりにも見事に体現した。

のちに本作は、「松本清張原作・橋本忍脚本・野村芳太郎監督のトリオは、この後も『ゼロの焦点』『影の車』『砂の器』と、話題作、力作を発表したが、この作品を超えるものはなかった」と評された。「特に思い入れはないです。たくさん演った仕事の一つです」と言い切る高峰秀子が、改めて怖い。

一九五八年度
監督／野村芳太郎　原作／松本清張　音楽／黛敏郎　共演／大木実・田村高廣ほか
『あの頃映画　張込み』販売元／松竹

『稲妻』

だらしない母兄姉の中で一人潔癖たらんとする主人公が、高峰自身と重なる

いくら〝虚実皮膜の間を演じる〟とは言え、役者自身の中に全くない資質は表現できないもので、また表現したとしても説得力がない。

その意味では、本作の主人公・清子はまるで高峰そのものと言えるほど、クールで前向きな女性だ。唯一違うところは、実際の高峰なら、言っても詮無いことは言わないという点だけだろう。

姉二人と兄、そして清子は、全て父親が違う。長姉は夫がありながら、金のために男をたらし込むしたたかな女、次姉は知らぬ間に愛人と赤ん坊まで残されて夫に先立たれ、ひたすらナヨナヨと頼りなく、挙句は長姉と同じ男と関係を持ち、兄は「身体の中に鉄砲の弾が残ったまま」をいいことに復員後いつまでもプータローを続ける怠け者。母親は四人の男と次々に結婚した、悪い人間ではないが、どこか箍が外れた女……。

観ていて思わず「おおイヤだ」と身震いしたくなるような環境の中で、清子は自己を失うまいと一人下町の実家を出て、世田谷に下宿する。与えられた環境に唯々諾々とするのではなく、自力で人生を切り開いていこうとする清子の強さ、肉親という厄介な存在が、観る者に様々な思いを抱かせる。

「浮雲」に先立つ、林芙美子・成瀬巳喜男・高峰秀子トリオが作り上げた傑作。母親役の浦辺粂子、長姉の村田知栄子、小沢栄（のちに栄太郎）のいかにもイヤラシイ男など、脇も実に上手い。高峰は成瀬巳

一九五二年度
監督／成瀬巳喜男　原作／林芙美子　共演／三浦光子ほか
販売元／角川書店

喜男のもとで一層その輝きを増す、ということを再認識する一本。

『カルメン故郷に帰る』

記念すべき日本初総天然色映画。高峰が頭の弱いストリッパー役に

高峰秀子と言えば、健気で聡明な役柄のイメージが強い。しかし本作は、何とストリッパーの役。しかも少々おつむが弱い。並の女優なら力一杯の「バカ」にしてしまうのだろうが、高峰演じる「おきん」こと「リリー・カルメン」はいたって自然で、真面目。だからこそ笑えるのだ。本人は例によって「特に思い入れはないですね。こういう役が来たから演ったまでのこと」と淡々としているが、その演技力には目を見張る。

浅間山の麓の高原で、小林トシ子と半裸で踊るシーンは、二十代半ばのピチピチした高峰の健康美がまぶしく、美しい青空と調和して、映画史上に残る名場面となった。

それにしても当時、国家的事業と言われた「日本初の総天然色映画」の監督に指名された木下恵介が、高峰秀子をストリッパーの役にして、観る者を感動させてしまうあたり、さすが〝天才・木下〟の面目躍如たる腕前だ。

一九五一年度
監督・脚本／木下恵介　共演／小林トシ子・笠智衆ほか
『木下恵介生誕１００年　カルメン故郷に帰る』販売元／松竹

先述の通り、松山善三は本作で初めて高峰秀子と仕事をしたわけだが、彼の名前はテロップで、六人の助監督の四番目に並ぶという新米。牛や馬が登場する度に、「あぁ、画面の外では松山青年が懸命に追い立てているのだなぁ」と思って観るのも一興だ。ちなみに松山によれば、木下はこの脚本を書くために松山を伴って浅草のストリップ小屋へ二、三度赴いたとか。その時、まさか高峰秀子と結ばれるとは青年も夢にも思わなかったことだろう。キネマ旬報ベスト・テン第4位の名作である。

『女の園』

不幸な主人公とは裏腹に本作の直後、高峰は幸福の切符を手にする

良妻賢母の女子を育てることを目標に、厳しい規則で学生達を縛る京都の全寮制名門女子大が舞台。高峰秀子の他、岸惠子や久我美子、舎監役の高峰三枝子など、松竹の女優陣が勢揃いする群像劇だ。

当時三十歳だった高峰は「私は他の二人（岸、久我）よりかなり年上だから、女学生になれるかしらと心配した」と言うが、経済的な問題など様々な苦悩を抱える役柄なので、裕福な家庭の子女である二人との違いが際立ち、かえって説得力がある。いつもながら人物造形は

見事だが、中でも、徐々に精神を病み、遂に絶叫するシーンは秀逸だ。

木下組の助監督だった松山善三は、撮影当日の朝、木下が書き直した台詞を校長役の毛利菊江に届けに行くと、「今になってこんなものを持ってくるなんてとんでもない！」と凄い剣幕で怒られ、「ひたすら『すみません』って謝ったら、『すみませんじゃないの。すまないの！』って言われた。何て怖い人かと思ったよ（笑）」。そして「当時、僕は俳優さんの世話係だったから、高峰の〝草履持ち〟みたいなもんでしたよ（笑）」。

だが、本作を撮り終えた直後、中断していた『二十四の瞳』の撮影を再開した小豆島で、二人は交際を始めるのだ。しかし本作は、その幸せの前兆もないほど、暗い結末である。

キネマ旬報ベスト・テン第2位に輝く問題作。

直後に封切られた『二十四の瞳』の凄まじい人気に、影が薄くなったのは残念だ。

一九五四年度
監督・脚本／木下惠介
共演／高峰三枝子ほか
『木下惠介生誕１００年　女の園』
販売元／松竹

『馬』

十五歳から十七歳まで二年の歳月をかけて撮影した、少女期の傑作

岩手県の貧しい農家の娘いねは、身ごもった一頭の牝馬を預かる。

病気で弱った馬に食わせようと、吹雪の中、青草を求めて三里の山道を歩き続けるいね。出産を迎えた馬の側で祈るいね。その愛情の甲斐あって、牝馬は無事に子馬を産むが、やがて、一家が抱えた借金のために子馬は売られてゆく……。

当時、エノケン主演の喜劇映画を多く撮っていた山本嘉次郎監督が、趣を異にしてセミドキュメンタリー・タッチで仕上げた渾身の力作。春夏秋冬の撮影をそれぞれ四人の名カメラマンが担当、岩手の山村の風景を詩情豊かに描いている。また、いねが裸馬に乗って疾走する迫力あるシーンは、山本の愛弟子で、製作主任を務めた若き黒澤明が撮影、後年の巨匠ぶりを見せている。

そして何より、それらスタッフの才能に遺憾なく応えた十五歳の高峰の演技は素晴らしく、その間、実に八本の映画に出演しながら、十七歳の秋まで見事に演じ通している。子役出身の役者が必ず挫折するこの時期を、高峰秀子はものともせず乗り越え大女優へと成長していった、本作はその貴重な証拠映像であり、日本映画史の財産と言えるだろう。

また本作には、豊かな自然や農村の暮らし、祖母や弟妹がいる家族の風景など、失われたこの国の美しさが満ちている。

一九四一年度
監督・脚本／山本嘉次郎　共演／竹久千恵子ほか
『黒澤明ＤＶＤコレクション31号　馬』発売元／朝日新聞出版

ラストのいねの表情に、涙しない者はいないだろう。キネマ旬報ベスト・テン第2位。

『放浪記』
「本人に似ていない」と愚かな批評に叩かれても高峰は本作を愛した

母親と行商をしながら暮らした少女期から、一人上京してカフェの女給となり、やがて文壇にデビュー、作家として一家をなした主人公・ふみ子の生涯は、貧困との闘いと人間の裏切りに苦しめられた日々だった……。

ご存じ、放浪の作家・林芙美子の自伝的小説の映画化。

林の著書全てを読み込んだ高峰は「林芙美子はイヤなところのある女性だったと思う。だから男に捨てられた」という自らの解釈のもと、若い頃はあえて不美人のメイクに徹し、作家になるにしたがって美しくしていった。だが当時の映画批評家達は「芙美子に似ていない」と批判。高峰は三度にわたって朝日新聞に反論を書いた、「映画は〝物真似コンクール〟ではない」と。作品を決してきれいごとにしない、主人公を類型的な人間にしない高峰のプロとしての矜持は、本作を観れば、わかる。

一九六二年度
監督／成瀬巳喜男　原作／林芙美子　共演／田中絹代ほか
販売元／東宝

封切り後、亡き林の夫、画家の手塚緑俊からこんな手紙が届いたという、「見事な『放浪記』をありがとうございました。林芙美子が拝見したら、どんなに喜んだことか、と、残念です」。

『稲妻』『浮雲』に続く、成瀬巳喜男とコンビを組んだ林作品の映画化だが、成瀬は三本の中で本作が一番好きだったという。そして高峰自身も、私が「出演作の中から好きな作品を十本挙げてください」と言った時、本作を挙げた。

必見の名作である。

『雁』

あまりに不幸な主人公。そんな女を演じる時こそ、高峰は輝く

森鷗外の同名小説の映画化。舞台は明治の東京。貧しい家の娘・お玉は、高利貸しの妾となり、無縁坂のしもた屋に囲われていた。そんなお玉が、毎日その坂に散歩に来る一人の帝大生（芥川比呂志）に恋心を抱くようになる。そして遂に、お玉が思いを打ち明けようとした時、青年はドイツ留学の旅に……。

あまりと言えばあまりに救われない話である。殊にラスト、青年に会いに行こうとしたことを高利貸しの末造（東野英治郎）に勘付かれ、散々厭味を浴びせかけられたお玉がじっと不忍の池に佇む姿――。アップで終わるその顔――。数年前、ビデオでこの映画を観た私は、思わず高峰に電話して聞いてしまった、「かあちゃんは今、幸せだよね?」と。「そうよ。どうしたの? 泣きそうな声で」、高峰の声でやっと救われた思いがしたが、それほどに高峰演じるお玉の人生に心ふたぐ思いがした。一体、この女性はこれからどうやって、何を心の支えにして生きていけばいいのかと。

一九五三年度
監督／豊田四郎　原作／森鷗外
共演／田中栄三・小田切みきほか
販売元／角川書店

高峰曰く「東野さんが上手かった!」。そして『煙突の見える場所』に続き二度目の共演となった芥川について、「私に聞くの、『僕、坂道をうまく歩けないんです。どうしたらいいでしょう?』って。『普段、坂を歩くように歩けばいいのよ』と答えたら、『僕、石ころのある坂道を歩いたことなんかないんです』。芥川さんは舞台の人だから、ホウバの高下駄なんか履いて坂道を歩いたことがなかったのね」。

高峰秀子の演技力は、観る者の心を鷲づかみにする。

高峰自身も大好きな一作。

『山河あり』
高峰が主演のほか裏方でも奮闘。ハワイの日本人移民を描いた松山善三監督、幻の名作

一九六二年度
監督・脚本／松山善三　脚本／久板栄二郎　共演／田村高廣ほか

戦前、ハワイへ移民した井上義雄・きしの夫婦（田村高廣と高峰）は十年の努力の末に小さな食料品店を営むようになるが、やがて義雄が急死。きしのは夫の遺骨を抱いて次男・明（ミッキー・カーチス）を連れて日本へ向かうが、開戦によってハワイに戻れなくなる。そして明は収容所で胸を患い、それがもとで死ぬ……。

松山は日本人移民についての書籍を集めて研究した上で、何度もハワイを往復し、現地に住む数多くの実際の日本人移民に取材を重ね、久板栄二郎と共に脚本を書き上げた。それだけに、本作は、映画としてだけでなく、ハワイの日本人移民の歴史を知る上でも貴重な記録となっている。松山監督曰く「カメラマンをはじめ、現地の日系人の方達が撮影を助けてくれました。高峰も本当によく働いてくれたし」。

その言葉通り、高峰は主役でありながら、衣装も担当、全員の役柄に合う衣装を調達して、それらに〝汚し〟をかけては、毎朝、一人一人の役者の宿泊室に配り歩いた。さらにはスタッフの食事も作ったので、撮影が終わると、野良着姿の衣装のまま、市街のスーパーマーケットに走り食材を買い込む毎日だったとか。労をいとわぬ高峰らしい逸話だ。彼女自身「我ながらよく働いたと思う」と言うくらいだから、その奮闘ぶりは想像できる。

映像は松山家にもなかったが、数年前、松竹の方のご厚意でＤＶＤをいただいた。これほどの名作かつハワイ移民の貴重な記録、何とか市販してもらえないか。

『恍惚の人』

半世紀前に介護問題を世に問うた高峰四十八歳の傑作

物語の舞台は、どこにでもある家庭。だが八十四歳の茂造（森繁久彌）の老衰が進み、奇行が始まったことから、家族が徐々に崩壊し始める。そして嫁の昭子（高峰）が介護をする覚悟を決めるが、茂造の奇怪な行動はますます激しくなって……。

有吉佐和子という人の先見は凄かった。今から四十五年も前に、現代日本が苦しんでいる問題を真正面から取り上げ、大ベストセラーにしたのだ。原作のタイトル「恍惚の人」も当時の流行語になった。映画化に際して「そんな糞尿まみれの映画が当たるものか」と東宝に断られた製作者の佐藤一郎はこの映画を作るために自ら芸苑社を立ち上げ、結果、本作は爆発的ヒットを遂げる。無償を覚悟で脚本を書いた松山善三氏は、公開後もらった脚本料の額にびっくりしたという。

高峰曰く、「豊田（四郎監督）さんがもう随分身体の具合が悪くな

一九七三年度
監督／豊田四郎　原作／有吉佐和子　脚本／松山善三　共演／森繁久彌ほか
販売元／東宝

っていて、午前中に撮影所に来てもすぐに帰っちゃうの。だから毎日、森繁さんと岡ちゃん（カメラマン・岡崎宏三）と私で話し合って作ったようなものでした」

介護をテーマにしながら、本作は老人問題としてではなく、ボケた老人と嫁との人間同士の交流を描いて、胸を打つ。人間の愛情とは、尊厳とは何かを考えさせられる。

高峰秀子と森繁久彌、初の本格的共演。この両者の名演なくしてはあり得ない作品。キネマ旬報ベスト・テン第5位。

『風前の灯』

三百余本の出演作の中で唯一、高峰秀子が眼鏡をかけている

東京郊外の野原にポツンと建つ一軒家。その家を二人のチンピラと無理やり仲間に引き入れられた田舎出の青年が見張っている。強盗に入るためだ。その家に住むのは、強欲な老婆（田村秋子）と、なさぬ仲の息子・金重（佐田啓二）、嫁（高峰）、小さな男の子、下宿人。昼間、家にいるのは、老人と女子供だけのはずが、この日はやたら人の出入りが多い。それは、金重が懸賞で一等のカメラを当てたことが原因で……。金をめぐって人々がドタバタを繰り広げる喜劇映画だ。

「いつも佐田さんと一緒に仕事してるし、今回は喜劇だから眼鏡でもかけようかって、佐田さんと相談して決めたの」と高峰。そのため、日頃は二枚目役の佐田が黒縁の眼鏡に大きなホクロまでつけ、高峰は透明の縁の眼鏡を。そして夫婦喧嘩になりかけるシーンでは、「♪お〜いら岬の〜」と、この映画の直前に封切られ大ヒットした二人の共演作『喜びも悲しみも幾年月』のテーマ曲が聞こえてくるというパロディも。

木下恵介は『二十四の瞳』や『野菊の如き君なりき』など、叙情的で涙をしぼる名作も生み出せば、本作のように、日本映画では珍しいシチュエーションコメディにも優れている。やはり天才監督だ。

高峰が、気の弱い夫やケチで意地悪な姑、あるいは金目当ての妹とやりとりする場面は実に可笑しく、高峰の演技の幅の広さを感じさせる。一度は見てほしい傑作である。

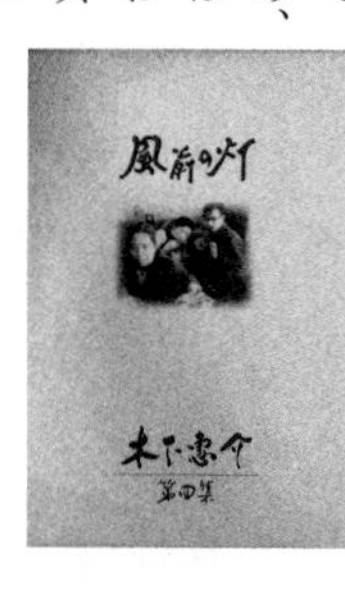

一九五七年度
監督・脚本／木下恵介　共演／田村秋子・佐田啓二ほか
『木下恵介DVD-BOX第四集』
販売元／松竹ホームビデオ

『永遠の人』

修羅の半生を生きた女の苦悩を、絶品の演技で見せつけた高峰

久しぶりに書棚からDVDを取り出して観たら、釘付けになった。何という、いい映画だ。

九州の阿蘇谷に住む小作人・草二郎（加藤嘉）の娘・さだ子（高峰）には隆（佐田啓二）という恋人がいたが、ある日、さだ子は以前から彼女に思いを寄せていた地主の息子・平兵衛（仲代達矢）に犯されてしまう。事情を知った隆はさだ子を連れて逃げようとするが、「こんな身になった私では……」とさだ子が拒む。失意の隆は故郷を去り、やがてさだ子は義理に縛られた親のために、平兵衛と結婚する。歳月が流れ、さだ子の娘は隆の息子と愛し合うようになり、結婚するが……。

さだ子と平兵衛、隆とその妻、四人の男女それぞれの心に刻まれた深い傷と憎しみ、そして理屈では乗り越えられない感情の機微を、木下恵介は脚本に、演出に、見事に描き切っている。

冒頭から流れる強烈なフラメンコギターと歌の叫びが、実に斬新で、これ以外にないという素晴らしい効果を挙げている。音楽を担当した木下監督の弟・木下忠司の手柄だろう。

そして木下の最初の脚本では標準語になっていた台詞を「熊本弁のほうがいい」と提案した高峰の慧眼は、さすがである。

隆が乗った汽車が走り去るのを丘の上から見るシーンで、さだ子が悲しみの余り気を失うと、その真に迫った高峰の演技に、父親役の加

一九六一年度
監督・脚本／木下恵介　共演／佐田啓二
『木下恵介生誕100年　永遠の人』販売元／松竹

藤嘉が思わず「高峰さん、高峰さん」と素に戻って心配し、NGになったというエピソードは笑える。高峰曰く「私は倒れたまま、腹話術みたいに、『脚本に書いてあるでしょう』と囁いたんだけどねぇ（苦笑）」。

キネマ旬報ベスト・テン第3位の大名作。是非、観て！ 絶対、後悔しないから。ちなみに田村正和の映画デビュー作。

『衝動殺人 息子よ』

高峰五十五歳。半世紀に及ぶ映画人生最後の出演作

本作の製作発表の時、高峰秀子は「引退宣言」をしたというのが通説になっているが、事実は違う。記者の一人が「映画出演は久しぶりですね？」と問うので、「ええ。自分ではとっくに引退してるつもりでしたから」と高峰が答えた。それが「引退宣言」と書かれただけのことだ。銀幕の大女優なのだから、引退宣言をしたところで少しもおかしくはないのだが、高峰秀子という人は、信じ難いことに、「私程度の女優は自然に消えていけばいいと思っていた」という。マスコミを集めて引退だの復帰だのと大騒ぎする昨今のちんけなタレントに聞かせてやりたい。

ゆきずりの殺人で息子を失った夫婦が、同様の被害に遭った人々と共に、被害者遺族を保護する法律を成立させようと国に働きかける姿を描いた物語で、実話をもとに木下恵介が監督・脚本。過労の末に他界した夫（若山富三郎）の亡骸に、「お父さんの後は私が引き継ぎますよ」と語りかける妻（高峰）。映画公開の翌年、犯罪被害者等給付金支給法が公布され、この映画の訴えは実を結んだ。

木下からの出演依頼を最初は断った高峰だったが、「大きな子供のいる母親役はイヤ」と八千草薫にも久我美子にも断られた木下に再三請われ、遂には出演を承諾した。本作以後も、様々な監督からのオファーがあったが、高峰は二度と戻らなかった。

批評家は高峰の演技を「燻し銀の演技」と讃えた。キネマ旬報ベスト・テン第5位の名作。

一九七九年度
監督／木下恵介　共演／若山富三郎ほか
『木下恵介生誕100年　衝動殺人 息子よ』販売元／松竹

本書は、「婦人画報」（アシェット婦人画報社）二〇〇七年一月号〜二〇〇八年十二月号に連載された「高峰秀子の流儀」をまとめ、同タイトルで新潮社より二〇一〇年一月二十五日に刊行されたものです。

本書収録の写真で撮影者が明らかでなく、連絡のとれないものがありました。ご存じの方はお知らせください。

わたしの脇役人生　沢村貞子

脇役女優として生きてきた著者が、歯に衣着せぬ、それでいて人情味あふれる感性で綴ったエッセイ集。一つの魅力的な老後の生き方。（寺田農）

老いの楽しみ　沢村貞子

八十歳を過ぎ、女優引退を決めた著者が、日々の思いを綴る。齢にさからわず、「なみ」に、気楽に、と過ごす時間に楽しみを見出す。（山崎洋子）

月刊佐藤純子　佐藤ジュンコ

注目のイラストレーター（元書店員）のマンガエッセイが大増量してまさかの文庫化！　仙台の街や友人との日常を描く独特のゆるふわ感はクセになる！

高峰秀子の捨てられない荷物　斎藤明美

肉親との壮絶な確執の果てに訪れた夫の松山善三との穏やかな生活、女優・高峰秀子が心を開いて打ち明けた唯一の評伝。（皆川博子・松山善三）

色を奏でる　志村ふくみ・文　井上隆雄・写真

色と糸と織――それぞれに思いを深めて織り続ける染織家にして人間国宝の著者の、エッセイと鮮かな写真が織りなす豊醇な世界。オールカラー。

語りかける花　志村ふくみ

染織の道を歩む中で、ものに触れ、ものの奥に入って見届けようという意志と、志を同じくする表現者たちへの思いを綴る。（藤田千恵子）

ちょう、はたり　志村ふくみ

「物を創るとは汚すことだ」。自戒を持ちつつ、機へ向かうときの沸き立つような気持ち。日本の色への強い思いなどを綴る。（山口智子）

遠い朝の本たち　須賀敦子

一人の少女が成長する過程で出会い、愛しんだ文学作品の数々を、記憶に深く残る人びとの想い出とともに描くエッセイ。（末盛千枝子）

ことばの食卓　武田百合子　野中ユリ・画

なにげない日常の光景やキャラメル、枇杷など、食べものに関する昔の記憶と思い出を感性豊かな文章で綴ったエッセイ集。（種村季弘）

遊覧日記　武田百合子　武田花・写真

行きたい所へ行きたい時に、つれづれに出かけてゆく。一人で。または二人で。あちらこちらを遊覧しながら綴ったエッセイ集。（巖谷國士）

おいしいおはなし　高峰秀子編

向田邦子、幸田文、山田風太郎……著名人23人の美味な思い出。文学や芸術にも造詣が深かった往年の大女優・高峰秀子が厳選した珠玉のアンソロジー。

旅日記 ヨーロッパ二人三脚　高峰秀子

34歳の高峰秀子が自ら書き残していた、夫とふたり「一番大切にしていたヨーロッパの旅」のすべて。秘蔵写真を加え、文庫で登場。（斎藤明美）

お父さんの石けん箱　田岡由伎

日本最大の親分・山口組三代目田岡一雄。疑似家族ともいえるヤクザ組織を率いた男が、家族に見せた素顔を長女が愛情込めて書き綴る。（湯川れい子）

わたしの小さな古本屋　田中美穂

会社を辞めた日、古本屋になることを決めた。倉敷の空気、古書がつなぐ人の縁、店の生きものたち……。女性店主が綴る蟲文庫の日々。（早川義夫）

マウンティング女子の世界　瀧波ユカリ　犬山紙子

「私の方が上ですけど？」ついついやってしまって結局後悔するマウンティング。愉悦と疲弊が交錯するこの営みを対談形式で徹底分析！（小島慶子）

小津ごのみ　中野翠

小津監督は自分の趣味・好みを映画に最大限取り入れた。インテリア、雑貨、俳優の顔かたち、仕草や口調、会話まで。斬新な小津論。（与那原恵）

この世は落語　中野翠

ヒトの愚かさのいろいろを呑気に受けとめ笑ってしまう。そんな落語の魅力を30年来のファンである著者が、イラスト入りで語り尽くす最良の入門書。

いっぴき　高橋久美子

初めてのエッセイ集に大幅な増補と書き下ろしを加え待望の文庫化。バンド脱退後、作家・作詞家として活躍する著者の魅力を凝縮した一冊。

きもの自在　鶴見和子　聞き手＝藤本和子

インドのサリーや中国の刺繍布を着物や帯に仕立て、異文化の豊かな出会いを楽しむ。着物は魂のよりどころと語る著者の自在な着物術。（田中優子）

水辺にて　梨木香歩

川のにおい、風のそよぎ、木々や生き物の息づかい。カヤックで水辺に漕ぎ出すと見えてくる世界を、物語の予感いっぱいに語るエッセイ。（酒井秀夫）

ちくま文庫

高峰秀子(たかみねひでこ)の流儀(りゅうぎ)

二〇二〇年一月十日　第一刷発行
二〇二三年八月三十日　第二刷発行

著　者　斎藤明美（さいとう・あけみ）
発行者　喜入冬子
発行所　株式会社　筑摩書房
東京都台東区蔵前二―五―三　〒一一一―八七五五
電話番号　〇三―五六八七―二六〇一（代表）
装幀者　安野光雅
印刷所　株式会社精興社
製本所　株式会社積信堂

ISBN978-4-480-43630-6　C0195